lonely planet

DE CERCA

TURÍN

Sara Viola Cabras

Sumario

Arriba: el símbolo de Turín.
Abajo: Palazzo Carignano (p. 54).

Puesta a punto 4

Explora Turín 37

Guía práctica 175

★ Imprescindible

Merece la pena

El viaje empieza aquí

De colonia romana a corazón del reino de Saboya, de primera capital de Italia a ciudad industrial, Turín ha vestido muchos ropajes, sin perder nunca su carácter inconfundible. Ha resistido y renacido tras periodos difíciles, y hoy sigue funcionando como laboratorio cultural por excelencia, donde historia y modernidad se entrelazan armoniosamente. Entre metamorfosis urbanas y tesoros del pasado, se nutre del arte, el cine, el diseño, la enología y la gastronomía, renueva su encanto sin olvidar sus raíces, y es una realidad por conocer y redescubrir, en su ebullición creativa y su identidad sólida, pero en constante evolución.

Sara Viola Cabras
@sviolac

Nacida y criada en Turín, pronto llegó a la conclusión de que estar "en otra parte" era siempre mejor que estar "aquí". Especialista en lenguas y literatura extranjera, convirtió su inquieto nomadismo en una forma de vida trabajando en la elaboración de guías y en la edición digital de Lonely Planet Italia y combinándolo con la escritura y la música.

Turín, los Murazzi, la Mole.

LO MEJOR

Experiencias culinarias

Pilares de la tradición, nuevas referencias, chefs con estrella, locales populares o de moda: la oferta de restaurantes es muy diversa y cambiante en Turín, pero siempre hay un buen motivo para reservar una mesa.

Acomodarse en la referencia histórica de la alta cocina turinesa, el restaurante **Del Cambio,** de moda desde tiempos de Cavour. (p. 58; foto)

Descubrir la experiencia de beber y comer entre Perú y Japón en **Azotea.** (p. 76)

Pedir una copa de vino y un sabroso aperitivo en el muy piamontés **Ranzini,** en terraza o en el interior. (p. 95)

Disfrutar del pescado más fresco y delicioso en la **Pescheria Gallina,** en el mercado de Porta Palazzo. (p. 95)

Refinamiento, innovación, creatividad: es obligado cenar en **Condividere,** en Nuvola Lavazza. (p. 141)

Relajarse bajo la pérgola de **PoDiCiotto,** a orillas del Po. (p. 153)

Dcha.: terraza en una calle del centro de Turín.

LO MEJOR

Bares

Un *bicerin* y un pastel en un café histórico con vistas a una plaza con encanto, un aperitivo en un bar nuevo o de los de siempre, una larga noche en un local de ocio nocturno, que a menudo cambian de barrio, pero nunca cierran... La oferta es enorme.

Darse un capricho dulce o salado en la **Farmacia del Cambio,** en el entorno impresionante de Piazza Carignano. (p. 59)

Ocupar una mesa en **Paltò,** con vistas a la encantadora Piazza Maria Teresa. (p. 76)

Es imprescindible ir a **Al Bicerin** para disfrutar de esta deliciosa bebida en el local histórico de Piazza della Consolata. (p. 96; foto)

Pedir una bebida y socializar en **Pastis** bajo los árboles de Piazza Emanuele Filiberto. (p. 96; foto)

A cualquier hora del día o de la noche, asomarse al Po en **Imbarchino.** (p. 109)

Saborear un cóctel canónico en **Affini,** en el corazón de San Salvario. (p. 110)

Dcha.: un 'spritz' en Piazza Vittorio Veneto (p. 65).

LO MEJOR

Ocio

Un templo del cine, salas de arte y ensayo muy populares, auditorios históricos y contemporáneos, salas y clubes donde explota la creatividad alternativa; y, además, teatro, danza, cabaret. En Turín es difícil aburrirse.

Hacerse con una entrada para la ópera y soñar con los ojos abiertos en el **Teatro Regio.** (p. 56; foto)

Admirar el esplendor barroco del **Teatro Carignano** asistiendo a un espectáculo de temporada. (p. 54)

Películas, festivales, retrospectivas: el **Cinema Massimo** nunca decepciona. (p. 73)

Vivir el pasado y el presente de las noches turinesas en uno de los muchos locales de los **Murazzi.** (p. 73)

Vibrar con el *swing* en el **Jazz Club.** (p. 77)

Música, arte, baile, deporte, cultura: el **Bunker** es la verdadera alma alternativa turinesa, en un gran espacio por descubrir. (p. 138; foto)

Dcha.: una noche en los Murazzi (p. 73).

LO MEJOR

Compras

El lujo de Piazza San Carlo y Via Roma; las compras baratas en Via Garibaldi; artículos *vintage,* de segunda mano y gangas en los grandes mercados históricos y de barrio; *boutiques* poco conocidas y comercios excelentes por todas partes. Turín tiene propuestas para todos los gustos y todos los bolsillos.

Para captar la esencia de la ciudad, hay que pasar la mañana del sábado en el **Mercato di Porta Palazzo** y el **Balôn.** (p. 82; foto)

Un consejo: el *pandoro* de **Ghigo** justifica todo el viaje. (p. 41)

Hacer la compra en la sede donde nació **Eataly.** (p. 119)

Comprar un libro en **L'Ibrida Bottega,** porque la ubicación también cuenta. (p. 155)

Entrar en una de las *boutiques* más bonitas de la ciudad, **La Belle Histoire.** (p. 77; foto)

Probar el *gianduiotto* pequeño de **Guido Gobino** (y todo lo demás). (p. 41)

Dcha.: tiendas en el Balôn (p. 82).

LO MEJOR

Experiencias históricas

En una ciudad tan rica en matices y con tantas capas, la historia es omnipresente: la que se ve en las calles, en los restos de la ciudad romana, en los tesoros de la capital de Saboya, en el legado industrial y la que cuentan los numerosos museos.

Si se busca un compendio de la historia turinesa se encontrará en Piazza Castello con una visita a los **Musei Reali** (p. 42) y el **Palazzo Madama.** (p. 49)

Recorrer, desde la **Porta Palatina** (p. 88), las callejuelas del **Quadrilatero Romano,** el trazado más antiguo de la ciudad. (p. 84)

Admirar la fachada del **Palazzo Carignano** y visitar el **Museo del Risorgimento Italiano.** (p. 54; foto)

Emprender un viaje mágico por el Nilo en el muy piamontés **Museo Egizio.** (p. 46)

Asombrarse pasando un día en la espléndida **Reggia di Venaria Reale.** (p. 160)

Conocer la historia de la industria automovilística en el **MAUTO,** parte de la historia de Turín. (p. 115; foto)

Dcha.: Porta Palatina (p. 88).

LO MEJOR

Arte

Museos emblemáticos, galerías exclusivas y espacios creativos hacen de Turín una capital del arte atemporal. Desde obras maestras barrocas hasta audaces instalaciones contemporáneas, cada rincón rezuma innovación, un pasado importante y un presente que reserva muchas sorpresas.

Admirar la rica colección de obras maestras de la **Galleria Sabauda.** (p. 44)

Exposiciones temporales y una colección permanente de prestigio: el **GAM** alberga tesoros de arte moderno y contemporáneo. (p. 122; foto)

La visita al **Castello di Rivoli-Museo d'Arte Contemporanea,** una perfecta amalgama de arte y arquitectura, es obligada. (p. 164)

Por la **Fondazione Sandretto Re Rebaudengo** pasa lo mejor del arte contemporáneo. (p. 126)

Subir a lo más alto del Lingotto para visitar la **Pinacoteca Agnelli** y caminar por la **Pista 500** entre instalaciones artísticas. (p. 116; foto)

Entre Vanchiglia, Aurora y Barriera di Milano, pero también en el centro, el **arte urbano** muestra la cara más contemporánea de la ciudad. (p. 137)

Dcha.: murales en Vanchiglia.

LO MEJOR

Arquitectura

En Turín el diálogo entre tradición y modernidad cuenta muchas historias: además de la suntuosidad de las residencias saboyanas y la elegancia de plazas y palacios, está la transformación de las zonas industriales, los destellos sorprendentes de grandes arquitectos y el dinamismo de las estructuras contemporáneas.

Empaparse de barroco admirando las obras maestras de Guarini y Juvarra, desde la **Chiesa di San Lorenzo** (p. 51) al **Palazzo Carignano** (p. 54), pasando por la **Reggia di Venaria Reale** (p. 160) o la **Basilica di Superga.** (p. 149)

Imposible no advertir la silueta inconfundible de la **Mole Antonelliana.** (p. 68)

Dar un paseo para descubrir el estilo **'liberty'** turinés. (p. 80; foto)

Observar las líneas particulares de la criatura de Cino Zucchi, **Nuvola Lavazza.** (p. 137; foto)

Su función ha cambiado, pero el carácter original del **Lingotto** aún es perfectamente reconocible. (p. 115)

Explorar cada rincón de las **OGR,** los antiguos talleres de reparación de trenes, gran ejemplo de reordenación. (p. 126)

Dcha.: mesa comunal en las OGR (p. 126).

bp+p

LO MEJOR

Recorridos insólitos

Además de los atractivos más famosos, Turín ofrece descubrimientos emocionantes en cada barrio. Desde el centro hasta las afueras, basta con salir de los caminos trillados y explorar los secretos de la vida local para apreciar una imagen más auténtica y completa de la ciudad.

Reservar una visita guiada a la **Accademia delle Scienze** y visitar su rica biblioteca. (p. 56)

Historia, religiosidad, vida: la galería de los **exvotos** del **Santuario della Consolata** ofrece una visión más profunda de la humanidad. (p. 91; foto)

Entrar en el **Dancing Lutrario,** obra maestra de Mollino, y perder la cabeza. (p. 74; foto superior derecha)

Un resumen de la contemporaneidad turinesa en el **Parco Dora.** (p. 158)

En Via Garibaldi, entrar en la **Banchieri, Negozianti e Mercanti.** (p. 90)

Saborear la fascinación de **Flashback Habitat.** (p. 151)

Acurrucarse para asistir a un espectáculo en el **Teatro della Caduta.** (p. 139)

Dcha.: Parco Dora (p. 158).

LO MEJOR

Parques y jardines

La vida entre ríos es muy verde: no solo en el Parco del Valentino, sino también en torno a los otros cursos de agua, en los bosques, en los parques montañosos y en los jardines públicos dispersos por la ciudad.

Una "ciudad verde" dentro de la ciudad: a lo largo de buena parte del curso turinés del Po se extiende el **Parco del Valentino.** (p. 102; foto)

Naturaleza, deporte, arte urbano, grandes eventos: hay que ir al norte y recorrer el **Parco Dora.** (p. 158)

Subir al **Parco della Maddalena,** una de las zonas verdes más amplias de la colina turinesa. (p. 151)

Detrás de Piazza Castello hay juegos infantiles, bancos a la sombra de grandes árboles y mucha historia en los **Giardini Reali.** (p. 45)

Prados, campos, bosques y apartamentos reales en el **Parco La Mandria,** anexo a la Reggia di Venaria Reale. (p. 160)

Los **jardines de la Reggia di Venaria,** con sus 50 Ha de grandeza saboyana, son una visita obligada durante la floración primaveral. (p. 163; foto)

Lo mejor para niños

Los museos de Turín son numerosos y realmente atractivos, incluso para los más pequeños. Se quedarán boquiabiertos ante las momias del **Museo Egizio** (p. 46) y asombrados en el **Museo Nazionale del Cinema,** ubicado en la **Mole Antonelliana** (p. 68), se relamerán en el **Museo del Cioccolato** (p. 129), soñarán con ser pilotos en el **MAUTO** (p. 115), aprenderán a respetar el medio ambiente en el **MAcA** (p. 183) y se divertirán en los sets de los anuncios más famosos en el **Museo Lavazza** (p. 137).

En el **Parco del Valentino** se puede correr, montar en bicicleta, dar cacahuetes a las ardillas y hacer un pícnic; en verano, se puede reservar un paseo en **canoa** o en **barco dragón.** (p. 34 y p. 102)

Si se lleva a los niños a **Infini.to,** al salir, muchos querrán ser astronautas. (p. 151)

Lo mejor gratis

La entrada a muchos museos es gratuita el primer domingo de mes.

A pesar de la riqueza de sus colecciones, la entrada a la **Biblioteca Reale** es gratuita. (p. 43)

Se puede entrar sin pagar entrada a dos de los lugares de culto más importantes de la ciudad, la **Chiesa di San Lorenzo** y el **Duomo.** (p. 51)

¿Cuánto cuesta pasear bajo los **soportales** que rodean espléndidas **plazas**? Nada, o quizá unos euros para hacer una pausa en un buen café. (p. 64)

Visitar el **Santuario della Consolata** y pararse en la hermosa plaza. (p. 91)

Las vistas inolvidables de Turín desde el **Monte dei Cappuccini.** (p. 150)

Pasear por los **parques** de la ciudad y visitar el **Castello Medievale** del **Parco del Valentino.** (p. 102)

Recuerdos y tecnología de vanguardia en un viaje al mundo de la comunicación en el **Museo della Radio e della Televisione.** (p. 71)

Tres días perfectos

Tanto si se dispone de un solo día como si se tiene la posibilidad de prolongar el viaje, hay que tratar de aprovechar al máximo la estancia en Turín siguiendo los itinerarios recomendados.

Galleria Subalpina (p. 54).

PRIMER DÍA

Si solo se dispone de un día

MAÑANA

Desayuno en la **Farmacia del Cambio** (p. 59), en **Piazza Carignano** (p. 54). Después, una visita a las momias del **Museo Egizio** (p. 46), antes de ir de compras a Via Lagrange.

TARDE

Tras un *tramezzino* en el **Caffè Mulassano** (p. 59; foto) y un café con una chocolatina en **Guido Gobino** (p. 41), en **Piazza Castello** (p. 54) aguardan los **Musei Reali** (p. 42), el **Palazzo Madama** (p. 49), la **Chiesa di San Lorenzo** y el **Duomo** (p. 51).

NOCHE

Una cena en **Razzo** (p. 58), un espectáculo en el **Teatro Regio** (p. 56) o el **Teatro Carignano** (p. 54), una copa en **Paltò** (p. 76) o en el **Bar Cavour** (p. 59) y, pasando por la **Galleria Subalpina** (p. 54) y los **soportales de Via Roma** (p. 65), un corto paseo por **Piazza San Carlo** (p. 55).

SEGUNDO DÍA

Un fin de semana

MAÑANA

Para empezar, un capuchino en el **Caffè Elena** (p. 76), en **Piazza Vittorio Veneto** (p. 65), antes de entrar en el **Museo Nazionale del Cinema** (foto), en la **Mole Antonelliana** (p. 68). Para almorzar, **Gaudenzio Vino e Cucina** (p. 76) o **Ballatoio** (p. 75).

TARDE

Se puede pasar la tarde entre las plazas del centro y una exposición en **Camera** (p. 72). Cruzando el Ponte Vittorio Emanuele I, se visita la **Gran Madre di Dio** (p. 149) y se sube a la **Villa della Regina** (p. 146) para pasear por sus jardines.

NOCHE

En Vanchiglia hay que echar un vistazo a la **Fetta di Polenta** (p. 136), tomar un aperitivo en las **Cantine Meccaniche** (p. 141) o en la placita de la **Lumeria** (p. 142) y cenar en el acogedor **Il Deposito** (p. 141), o en el restaurante con estrella **Condividere** (p. 141).

TERCER DÍA

Una escapada

MAÑANA

Ir de compras en **Porta Palazzo** (p. 82), quizá con una visita a los puestos del **Balôn** si es sábado (p. 82), es una experiencia muy turinesa. Se puede almorzar en la **Pescheria Gallina** (p. 95) o en **Ranzini** (p. 95) antes de echar un vistazo al encantador **Largo IV Marzo** (p. 94) y a la **Porta Palatina** (p. 88).

TARDE

Hay que recorrer las calles adoquinadas con paradas en el **MAO** (p. 90) y el **Santuario della Consolata** (p. 91). La pausa debe hacerse con un *bicerin* en el café homónimo en **Piazza della Consolata** (p. 96; foto) para terminar en el **Polo del '900** (p. 92).

NOCHE

Para vivir el **Quadrilatero Romano** (p. 84), hay que pedir una copa de vino en **Tre Galli** (p. 95), cenar en **Consorzio** (p. 95) o tomar un digestivo en **Pastis** (p. 96), al aire libre en **Piazza Emanuele Filiberto** (p. 89).

Con más tiempo

Merece la pena hacer una excursión fuera de la ciudad. La **Reggia di Venaria Reale** (p. 160), con sus salas espléndidas, sus jardines y sus exposiciones interesantes, es un regalo para la vista que ocupa toda una mañana.

Se puede almorzar en uno de los cafés de la Reggia o regresar a la ciudad e ir a las **OGR** (p. 126) para tomar un bocado en **Snodo** (p. 129), admirar la increíble rehabilitación arquitectónica y ver una exposición; otra opción es ir al **Lingotto** (p. 115) para visitar la **Pinacoteca Agnelli** y dar una vuelta a la **Pista 500.** Para relajarse al atardecer, nada mejor que el **Parco del Valentino** (p. 102), con su verde calma, las vistas al Po, el **Orto Botanico** y el **Borgo Medievale.**

Tras un aperitivo en **Imbarchino** (p. 109), en el mismo parco, o en **Affini** (p. 110), en el corazón del barrio de San Salvario, famoso por sus muchos locales, toca cenar en **Scannabue** (p. 108). Para terminar, hay que ir de local en local para despedirse de la ciudad.

El Borgo Medievale del Parco del Valentino (p. 102).

ROBERTO ZILLI/SHUTTERSTOCK.COM ©

Una excursión

Se va temprano al **Palazzina di Caccia di Stupinigi** (p. 168), una obra maestra barroca diseñada por Filippo Juvarra. Una vez allí, hay que recorrer las salas decoradas con frescos, admirar los muebles de época y pasear por los encantadores jardines, una experiencia que combina la elegancia arquitectónica con la serenidad de la naturaleza.

La tarde se dedica al **Castello di Rivoli-Museo d'Arte Contemporanea** (p. 164; foto), residencia de la familia Saboya desde el s. XIII y hoy corazón palpitante del arte contemporáneo. Obras encargadas a artistas italianos e internacionales, exposiciones temporales y un diálogo sorprendente entre la arquitectura del pasado y del presente. Antes de regresar a la ciudad, hay que deleitarse con una **merienda regia** (p. 165) en el café del castillo.

En un día de lluvia

Gracias a los numerosos museos y a los soportales construidos específicamente para los días húmedos, Turín no teme a la lluvia. Para no mojarse se puede elegir entre el arte moderno y contemporáneo: se puede empezar por el **GAM** (p. 122), que sorprende con su colección permanente y sus excelentes exposiciones temporales; después hay que ir a la **Fondazione Sandretto Re Rebaudengo** (p. 126), con obras de los artistas más interesantes del momento; y rendir homenaje al artista Mario Merz visitando la **Fondazione Merz** (p. 126), en el barrio de San Paolo.

Para ir de compras sin paraguas hay que encaminarse a **Eataly** (p. 119; foto), **Green Pea** (p. 119) y el centro comercial **Lingotto** (p. 115), todos muy cercanos entre sí. También vale la pena la **Pinacoteca Agnelli** (p. 115).

Prepararse

ANTES DE PARTIR

Seis meses antes
Reservar si se desea asistir a un evento cultural o deportivo importante, como las Nitto ATP Finals.

Dos meses antes
Conseguir una entrada para la ópera en el **Teatro Regio** (p. 56) o para un espectáculo de temporada del **Teatro Stabile** (p. 57).

Una semana antes
Reservar mesa en los **restaurantes** de moda, sobre todo si es fin de semana.

Alojamiento

La oferta de alojamiento en Turín es amplia y se adapta a todos los presupuestos. Sin embargo, en ciertos periodos del año, especialmente durante las vacaciones, festivales, eventos deportivos o ferias comerciales, los precios aumentan. Hay que reservar con mucha antelación para conseguir las mejores ofertas (p. 177). Además de los sitios habituales en línea, hay que consultar *booking.bookingpiemonte.it*, un portal de reservas de hoteles para la región de Piamonte.

Planificación

Antes de partir, es aconsejable consultar la web de **Lonely Planet** *(https://www.lonelyplanet.es/europa/italia/turin)* para obtener información, consejos y mucho más.

El portal de Turismo **Torino e Provincia** *(turismotorino.org)* tiene una sección dedicada a la planificación de viajes y a los eventos programados en la ciudad y sus alrededores; también hay un servicio gratuito de reserva de visitas guiadas. La web del **ayuntamiento de Turín** *(comune.torino.it)* ofrece información local, desde eventos hasta el tráfico, facilitada por la administración municipal. También **inpiemonteintorino** *(inpiemontein torino.it)* proporciona información actualizada sobre los eventos en la ciudad.

Piemonte Italia *(piemonteitalia.eu)* es la web oficial de Turismo de Piamonte, con información sobre cultura, naturaleza, eventos, gastronomía, hoteles y mucho más.

Al museo gratis

El primer domingo de cada mes, la entrada a muchos museos es gratuita, aunque puede ser necesario reservar (más información en las webs correspondientes). Para los Musei Reali las entradas se adquieren exclusivamente en la taquilla. El Museo Egizio solo se puede visitar reservando en línea y la entrada es gratuita el día en que se cumplen años.

¿DÓNDE ESTÁN LOS SERVICIOS?

Este código QR permite descargar la útil aplicación, creada por el *youtuber* Jaser, que ubica alrededor de 400 baños públicos en la ciudad con sus reseñas. Como enseña la película *Perfect Days* de Wim Wenders, una ciudad también se juzga por el nivel de sus aseos.

PRESUPUESTO DIARIO

Económico Menos de 120 €

- Habitación doble en hotel económico: **60-80 €**
- *Pizza* y cerveza: **15-20 €**
- Entrada gratuita en las iglesias y algunos museos

Medio Entre 120-200 €

- Habitación doble en hotel medio: **40-80 €** por persona
- *Trattoria:* **35 €**
- Entrada a museos y otros lugares de interés: **15 €**

Alto Más de 200 €

- Habitación doble en un hotel de lujo: **desde 80 € por persona**
- Cena en un restaurante exclusivo: **75-100 €, sin vino**
- Entrada para un espectáculo teatral o un concierto: **15-80 €**

Información turística
Escanea este código QR para ver información sobre las oficinas de turismo de Turín.

TORINO+PIEMONTE CARD

Se puede elegir la duración de validez y, por tanto, el coste; ofrece entrada gratuita o reducida a los museos y centros culturales más importantes y descuentos en transporte, servicios turísticos, eventos y visitas guiadas. Más información en *turismotorino.org*.

Cuándo ir

Turín, antaño despreciada en invierno por su áspero clima y en verano por su canícula, acoge hoy acontecimientos culturales, deportivos y de ocio durante todo el año.

De otoño a primavera, la ciudad vive del cine y del arte, con eventos prestigiosos y ferias de renombre internacional; en verano abundan los festivales de música y las celebraciones al aire libre, que atraen a un número cada vez mayor de visitantes de Italia y Europa.

Grandes eventos

Febrero Un sueño hecho realidad para los más golosos: en **CioccolaTò** se prueba y se compra chocolate en todas sus formas y dimensiones.

Marzo En los años impares, la **Biennale Democrazia** propone conferencias, seminarios y eventos gratuitos.

Mayo En el recinto de Lingotto Fiere se celebra el **Salone Internazionale del Libro,** la feria editorial más importante de Italia; entre mayo y junio es el momento de **Interplay,** prestigioso festival internacional de danza contemporánea.

Junio Un desfile histórico y el Farò en Piazza Castello el 23 de junio, y fuegos artificiales el 24 en honor del patrón de Turín en la **Festa di San Giovanni.**

Septiembre Los encuentros y seminarios de **Torino Spiritualità** alimentan la mente y el espíritu; **TorinoDanza** acoge a algunos de los mejores coreógrafos y bailarines del mundo; durante el **Salone dell'Auto** los motores rugen en el centro de la ciudad; y **Terra Madre-Salone del Gusto** congrega sabores de todo el mundo.

Octubre El mes del teatro contemporáneo, con el **Festival delle Colline Torinesi.**

Noviembre Toca embriagarse de arte durante la **Art Week:** Artissima, Paratissima, The Others, Flashback, la Notte delle Arti Contemporanee y Luci d'Artista.

Diciembre Los puestos de los **mercadillos navideños** son ideales para comprar todos los regalos de una tacada.

NITTO ATP FINALS

Turín tiene una larga tradición deportiva, a la que el tenis ha añadido aún más encanto: acogió las prestigiosas ATP Finals del 2021 al 2025, que seguirán disputándose en Italia hasta el 2030 en una ubicación aún por definir. La sede de los partidos es el Palasport Olimpico, en la zona de Santa Rita, al suroeste de la ciudad, durante el mes de noviembre. Más información en *www.nittoatpfinals.com.*

Salone del Libro.

Cine y música

Febrero Cine y música se dan la mano en el festival internacional **Seeyousound.**

Abril El **Lovers Film Festival** explora temáticas LGTBIQ+, mientras que el **Torino Jazz Festival** llena la ciudad de *swing*.

Mayo El festival **Jazz is Dead** explora la evolución del *jazz* en sus variantes más experimentales y alternativas.

Junio El medio ambiente, un tema al rojo vivo, es el eje del festival cinematográfico **Cinemambiente.**

Julio Mucha música al aire libre: pop y *rock* en el **Flowers Festival** y el **Stupinigi Sonic Park,** música de baile y electrónica en el **Kappa Futur Festival.**

Agosto Música *rock, indie* y alternativa en el excelente **TOdays Festival.**

Septiembre Entre Milán y Turín se celebra el gran festival internacional de música clásica **MITO Settembre Musica.**

Noviembre La temperatura del otoño turinés sube con el **Torino Film Festival,** la música electrónica del **C2C Festival** y los refinados mestizajes musicales del **Jazz:re:found.**

Cómo llegar

Turín está bien conectada a la red ferroviaria europea. El aeropuerto está a pocos kilómetros del centro, pero hay opciones de bajo coste para volar a Cuneo.

Del aeropuerto al centro

Avión

El **aeropuerto de Turín** está 16 km al noroeste del centro. **Autobus Arriva Italia** *(arriva.it)* fleta autobuses desde el aeropuerto hasta las estaciones de Torino Porta Susa (40 min) y Porta Nuova (45 min), todos los días de 6.10 a 23.30 (cada 15-30 min; 7,50 €, 8,50 € a bordo). El trayecto en **taxi** desde el aeropuerto hasta el centro, o viceversa, dura unos 30 min (36 € a la Zona de Tráfico Limitado, o ZTL, y 41 € a la zona residencial). La línea **SFM7** *(www.sfmtorino.it)* de cercanías conecta el aeropuerto de Turín con Torino Porta Susa de 7.30 a 22.28 todos los días (31 min; 3,60 €). El aeropuerto de Cuneo Levaldigi está a unos 80 km de Turín y está conectado mediante el **Shuttle MANO** *(www.shuttlemano.it)* a la estación de Torino Lingotto en conexión con las llegadas de los vuelos y a la estación de Fossano, por donde pasan cada hora los **trenes** de la línea SFM7 Torino-Fossano/regional rápida que llevan a Torino Lingotto/Porta Nuova en menos de 1 h (7 €).

Tren

En el corazón de la ciudad, la estación de **Torino Porta Nuova** está incluida en las líneas de alta velocidad de Trenitalia e Italo y tiene conexiones frecuentes con las principales ciudades italianas. Los trenes de alta velocidad paran en **Torino Porta Susa** y suelen llegar unos 10 min antes que a la estación de Torino Porta Nuova. Ambas estaciones están servidas también por trenes de cercanías, incluida la línea SFM3 directa a Bardonecchia. La estación de **Torino Lingotto** se encuentra en el barrio del mismo nombre, donde pasan y paran los trenes directos regionales hacia el sur de Piamonte y Liguria. Aquí también paran los trenes de cercanías (líneas SFM 1, 2, 4, 6, 7).

Autobús

Las estaciones de autobuses son la **terminal de Corso Bolzanon** (cerca de la estación de Porta Susa) y la de **Corso Vittorio Emanuele** 131/h. La primera conecta principalmente las localidades de Val di Susa y Valle d'Aosta, y los aeropuertos de Turín y Milán-Malpensa; la segunda lleva a destinos nacionales e internacionales con **Flixbus** *(www.flixbus.it)*.

Cómo desplazarse

Los principales puntos de interés son fácilmente accesibles mediante la extensa red de transporte público. Para el centro histórico no se recomienda usar el coche: es mejor llegar en transporte público y luego moverse a pie.

Autobús y tranvía

Turín y sus alrededores están conectados por **GTT** *(www.gtt.it)*; los autobuses y tranvías funcionan aproximadamente desde las 5.00 hasta la medianoche. Los Night Busters también funcionan los viernes, sábados y vísperas de festivos (0.30-5.00).

Metro

El horario del metro es 5.30-0.30 lu-ju, 5.30-1.00 vi-sa, 7.00-0.30 do y festivos, con trenes cada 4-7 min de media. Los lunes después del cierre y los días festivos antes de la apertura opera la línea de autobús sustitutiva M1 (horarios en *www.gtt.to.it*). El billete sencillo se puede utilizar en autobuses, tranvías y metro: cuesta 2 € (1,90 € para pagos sin contacto) y es válido durante 100 min (nota: solo permite un viaje en metro). El abono de un día cuesta 4,50/3,70 € (sin contacto).

Automóvil y motocicleta

Encontrar aparcamiento en el centro es complicado y caro, excepto los domingos. Además de los marcados con una franja azul, existen estacionamientos con barreras y cubiertos. Entre los más útiles para visitar el centro están **Roma-San Carlo-Castello**, **Santo Stefano** y **Valdo Fusi.** El acceso al centro histórico para vehículos privados está limitado, si no prohibido, dentro de la Zona de Tráfico Limitado (ZTL). Si no se dispone de coche, se puede recurrir al servicio de coche compartido **Enjoy** o **ShareNow.**

Taxi

Las estaciones principales están en Via Nizza (Porta Nuova), Corso Bolzano (Porta Susa), Piazza Castello, Piazza C.L.N. y Piazza Vittorio Veneto. Otra opción es llamar a **Taxi Torino** (011 57 37, 011 57 30).

BICICLETAS, MONOPATINES Y ESCÚTERES

Puede consultarse el mapa de carriles bici y obtener información sobre el alquiler de bicis en *www.comune.torino.it/bici.* Varias aplicaciones móviles permiten desplazarse de forma sostenible. **Mobike** es el servicio de bicicletas compartidas sin estaciones fijas. Para alquilar monopatines eléctricos se puede elegir en el sitio *comune.torino.it/torinogiovani/vivere-a-torino/sharing-di-monopattini-elettrici-a-torino.* **MiMoto** es un servicio de alquiler de escúteres eléctricos.

Otra cara de Turín

Ciudad de ríos, de arte, de fábricas y de reyes. ¿Y las sorpresas? Hay que buscarlas remando en canoa, visitando museos al aire libre y pueblos industriales, y explorando extraños mausoleos y símbolos esotéricos.

Piedras para tropezar

Paseando por la ciudad pueden verse en la acera, frente a la última residencia de muchos judíos deportados, las **'Stolpersteine',** pequeñas placas cuadradas de latón, en las que se puede leer el nombre, la fecha de nacimiento, la de arresto y muerte (si se conoce) y el campo de concentración de estas personas. Surgidas en Alemania por iniciativa del artista Gunter Demnig, hoy hay más de 70 000 repartidas por casi toda Europa. Un inmenso museo difuso de la memoria, cuyo mapa puede verse en *pietre.museodiffusotorino.it.*

Turín mágica

Además de la Turín "oficial", está la vinculada a su fama de ciudad "mágica", parte del triángulo de la magia blanca junto con Praga y Lyon y del de la magia negra con Londres y San Francisco. Hay que detenerse frente a la **Chiesa della Gran Madre di Dio:** se dice que el cáliz levantado por la Statua della Fede es el Santo Grial; en **Piazza Castello,** la puerta del Palazzo Reale, custodiada por Cástor y Pólux, marcaría la frontera entre la ciudad santa y la diabólica, mientras que en las cuevas del Palazzo Madama los alquimistas de la Casa de Saboya buscaban la piedra filosofal. En **Piazza Palazzo di Città,** la antigua Piazza delle Erbe, fueron quemados herejes y brujas condenados por la Inquisición, mientras que en **Rondò della Forca** eran ejecutados los condenados a muerte. Desde **Piazza Solferino** y sus alrededores, se descubre que la Fontana Angelica es una combinación de símbolos masónicos, al igual que las figuras de la puerta de Via Alfieri 19; y el ángel que está en lo alto de la fuente de Frejus, en **Piazza Statuto** (el "corazón negro" de la ciudad), podría ser Lucifer.

Un río para vivir

Para cambiar la perspectiva de la ciudad, hay que acercarse al Po. Recorrer sus orillas paseando por el Parco del Valentino o en bicicleta por los Murazzi; sentarse a comer o beber algo en alguno de los locales con vistas al agua; imaginarse estar en Cambridge entrando en los históricos clubes de remo (los más exclusivos Cerea, Armida y Caprera, o los más accesibles Esperia y Amici del Fiume), todos ubicados en edificios del s. XIX o principios del s. XX; o subirse a una canoa o un barco para disfrutar del silencio y de los mágicos alrededores de la ciudad vistos desde el río, por ejemplo con Somewhere Tour

& Events *(somewhere.it)* o en un barco dragón con la Associazione Un Po per Tutti *(unpoxtutti.it)*.

Arte en Campidoglio

Para tomar un desvío cultural y paisajístico, hay que ir al barrio del **Campidoglio,** al noroeste del centro, surgido a finales del s. XIX como asentamiento obrero, que conserva una estructura ajena al tiempo, con casas bajas y calles con atmósfera de pueblo. En este contexto inusual, nació en 1995 el **M.A.U.-Museo d'Arte Urbana,** uno de los primeros experimentos italianos de este tipo, que en 30 años se ha convertido en un auténtico museo al aire libre de arte contemporáneo en un entorno urbano. Incluye más de 200 obras murales, los bancos de autor, también pintados, y un espacio expositivo. Fue diseñado gracias a la interacción con residentes y comerciantes con el objetivo de fomentar la comunicación: un diálogo no siempre fácil, cuyo resultado se ha convertido en parte del tejido social y arquitectónico del barrio. Más información sobre visitas guiadas (gestionadas por la agencia CulturalWay), en *www.museoarteurbana.it.*

Restos de una empresa algodonera

Un barrio entero construido en torno a una fábrica: nada extraño, ya que estamos en las afueras de Turín. **Villaggio Leumann** es uno de los ejemplos menos habituales de un complejo arquitectónico industrial del s. XIX, creado para alojar a los empleados de la fábrica de algodón Leumann, con viviendas, escuelas, una oficina de correos, centros recreativos y mucho más. Construido entre 1875 y 1912 en estilo *liberty* por Pietro Fenoglio, fue un encargo del empresario Napoleone Leumann y todavía hoy está habitado. Convertido en Ecomuseo sulla Cultura Materiale, puede visitarse también en sus partes restauradas, como ejemplo de pueblo obrero conservado íntegramente.

Historia y naturaleza en Mirafiori

En el corazón de Mirafiori Sud, barrio de fábricas y parques, hay dos tesoros injustamente olvidados por los circuitos turísticos y a menudo desconocidos para los propios turineses. El **Mausoleo della Bela Rosin,** una refinada réplica a escala del Panteón de Roma, fue construido en 1886 por orden de los hijos de Rosa Vercellana, esposa morganática de Víctor Manuel II, y albergó sus restos antes de ser trasladados al Cimitero Monumentale. Hoy es un centro cultural que acoge eventos, exposiciones y lecturas públicas, contenido en un parque accesible. No muy lejos de allí, se extienden sobre unas 7 Ha los **Orti Urbani di Mirafiori,** con más de 200 parcelas cultivables confiadas a ciudadanos y asociaciones. Un proyecto de agricultura participativa que promueve la sostenibilidad y la comunidad, transformando el barrio en un ejemplo de regeneración urbana.

Explora Turín

Merece la pena

Circuitos a pie

Turín con el río Po y el Ponte Vittorio Emanuele I.

Sugerencias de lugares para comer, beber y comprar en **p. 58**

Explora
Via Roma y alrededores

Delimitada por la gran arteria de Via Roma, que con sus tiendas y cafés bajo los soportales conecta la estación de Porta Nuova con la 'metafísica' Piazza C.L.N., y por la espléndida Piazza San Carlo, y situada en el corazón de la corte de los Saboya en Piazza Castello, esta zona central revela la cara más elegante y espectacular de Turín. También es ideal para descubrir uno de los rasgos principales de la ciudad: su inimitable capacidad de preservar el pasado y enriquecerlo con ideas contemporáneas, favoreciendo una estratificación en todos los ámbitos: desde el arte hasta la arquitectura, y desde las instalaciones museísticas hasta los bares y restaurantes.

Cómo desplazarse

A pie
Hay mucho que ver y hacer, pero en un área relativamente compacta, ideal para caminar.

Autobús
Los n° 55 y 56 conectan Via Po con Via Pietro Micca. También los n° 11, 57 y 58 dan servicio a la zona.

Metro
Se puede llegar a Piazza Carlo Felice bajando en Porta Nuova, y desde allí tomar Via Roma para descubrir el barrio.

Tranvía
Desplazarse en tranvía tiene un valor añadido: los n° 13 y 15 conectan Via Po con Piazza Castello y Via Pietro Micca.

★ **LO MEJOR**

EXPERIENCIA ARQUEOLÓGICA
Museo Egizio (p. 46)

PATRIMONIO REAL
Musei Reali (p. 42)

HISTORIA DE TURÍN
Palazzo Madama (p. 49)

CAFÉ HISTÓRICO
Caffè Mulassano (p. 59)

Piazza San Carlo (p. 55).
ALEKSANDARGEORGIEV/ISTOCKPHOTO.COM ©

CIRCUITO A PIE

Café, chocolate y pasteles

La historia de la ciudad también se creó en los cafés, con los vermuts y los *bicerin* que trasegaban intelectuales y políticos, entre estucos, maderas y sofás o en las terrazas. ¿Y el chocolate? El *gianduiotto* es la estrella más brillante de una constelación de delicias: *cuneesi* al ron, *cremini,* trufas… Sin olvidar la refinada repostería, quizás en el irresistible formato *mignon* ("mini").

INICIO	FINAL	DURACIÓN
Via Po	Via Maria Vittoria	2,5 km; 30 min

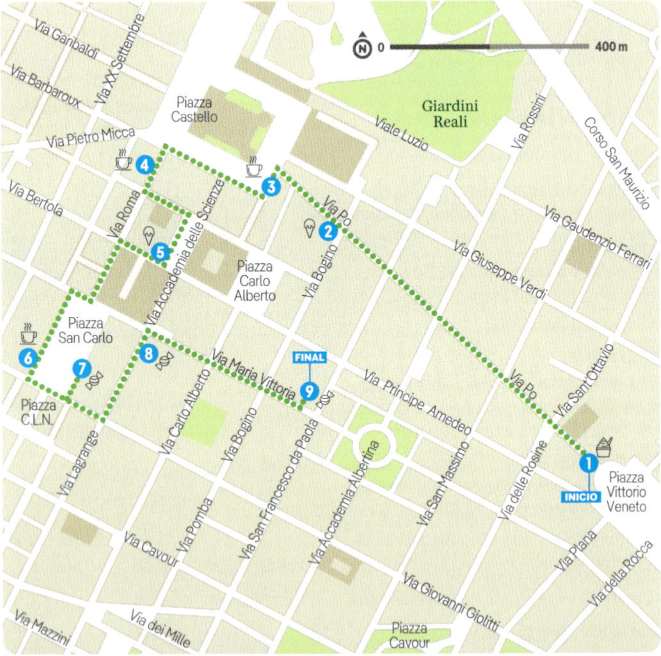

1 La irresistible ligereza de la mantequilla

Se parte de Via Po con una visita a **Ghigo,** en activo desde 1870: sus merengues con nata y, en Navidad, la Nuvola (*pandoro* recubierto de una capa de crema de mantequilla y azúcar glas) son imbatibles.

2 Helado y política

Continuando por Via Po hay que parar en **Fiorio,** aunque solo sea por su valor histórico. Corazón de la vida social de políticos e intelectuales del Risorgimento, acoge desde siempre en sus elegantes salas a los amantes del auténtico helado de *gianduia*. Tiene varios puntos de venta en la ciudad.

3 Una joya muy pequeña

Entre las glorias del **Caffè Mulassano,** en Piazza Castello, está la de haber importado el sándwich a Italia, allá por 1925. Hay que probar el de mantequilla y anchoas: no hay nada más piamontés.

4 En busca de inspiración

"Estoy enamorado de todas las damas / que comen pasteles en las confiterías". Guido Gozzano, en *Las golosas,* hablaba de **Baratti & Milano,** un café modernista con vistas a la Galleria Subalpina (p. 54), donde nacieron los famosos dulces y que era proveedor de la Casa Real.

5 Piazza Carignano

Pepino, una de las heladerías más antiguas de Europa (abierta en 1884), inventó en 1938 el "pingüino", el primer helado con palito para llevar. El de violeta es excelente. Si hay sitio hay que sentarse en la terraza de la **Farmacia del Cambio,** donde todo es delicioso y de diseño.

6 Para supersticiosos

Hay que pasar por el suntuoso entorno de Piazza San Carlo y pisar los testículos de toro situados a la entrada del **Caffè Torino** para atraer la buena suerte; en todo caso, desayunar en la barra con deliciosos pasteles es siempre una buena idea.

7 Una larga tradición

A pocos pasos del Caffè Torino, hay que buscar los *gianduiotti,* bombones, dulces artesanales y caramelos de **Stratta,** que desde 1836 hacen felices a quienes los reciben como regalo.

8 El rey del 'gianduiotto'

Ofrece sublimes *cremini* y bombones, pero la joya de **Guido Gobino** es el pequeño *gianduiotto Tourinot.* En Via Lagrange está la tienda; el taller se encuentra en Via Cagliari 15/B (zona Aurora).

9 La edad no importa

Gracias a su método natural patentado, el premiado artesano chocolatero **Guido Castagna** produce Giuinott *(gianduiotti),* trufas, *cremini* y lo mejor que cabe imaginar. El recorrido termina en su tienda de Via Maria Vittoria 27/c.

★ IMPRESCINDIBLE

Musei Reali

Toda una introducción a la historia de la ciudad, el Palazzo Reale, los Giardini Reali, la Armería y la Biblioteca, el Museo di Antichità, la Galleria Sabauda y el Palazzo Chiablese son símbolos del poder y cultura de Turín a lo largo de los siglos. La joya de la corona es la grandiosa Cappella della Sindone di Guarini, que, restaurada tras el incendio de 1997, sublima el corazón y el alma de los visitantes.

PLANO: P. 53 **C2**

CONSEJO
Para conocer los secretos de los Musei Reali es recomendable una visita guiada, con una pausa serena en los Giardini Reali.

Escanea este código QR para conocer los horarios y acceder a más información.

Palazzo Reale

Turín, capital del ducado de Saboya desde 1561, merecía un nuevo centro desde el que ejercer su poder. A principios del s. XVII, el duque Carlos Manuel I encargó la construcción del Palazzo Reale al arquitecto Ascanio Vittozzi. Este primer diseño fue retocado en los siglos siguientes, con modificaciones y ampliaciones a cargo de Amedeo di Castellamonte en el s. XVII, Filippo Juvarra en el s. XVIII y Pelagio Palagi en el s. XIX. El juego perfecto de espacios, luces y sobriedad de la fachada aguarda más allá de la puerta custodiada por las estatuas ecuestres de Cástor y Pólux. En el interior, la luz y el rigor dejan paso al esplendor de la residencia donde vivió la familia Saboya hasta 1865. Los muros construidos sobre una planta cuadrangular en torno a un patio esconden enormes salas ricamente decoradas: tras admirar la **escalera de honor,** no hay que perderse el imponente **salón de la Guardia Suiza,** la **sala de los pajes** y la **sala del trono;** hay que admirar la magnificencia del **comedor,** soñar en el **salón de baile,** maravillarse con el **gabinete chino** y luego dirigirse a la **armería** y la **biblioteca real.**

IGOR ABRAMOVYCH/DREAMSTIME.COM ©

Armería y biblioteca real

Puede verse una de las colecciones de armas y armaduras más ricas de Europa, encargada por Carlos Alberto en 1837, en el suntuoso marco de la **Galleria del Beaumont** (cuya versión original comunicaba el Palazzo Reale con el Palazzo Madama), rediseñada por Juvarra en 1732 y renovada por Benedetto Alfieri, y en el **Medagliere,** decorado por Pelagio Palagi. Hay que saludar a la multitud como lo hacían los soberanos de la Casa de Saboya desde la **Logia** que da a Piazza Castello y llegar a la **Biblioteca Reale,** que custodia el *Autorretrato* de Leonardo da Vinci (1513), una preciosa adquisición realizada por el rey Carlos Alberto en 1839, además de un sinfín de dibujos, manuscritos, códices iluminados y grabados.

UNA PAUSA

En el **Caffè Reale Torino,** antigua frutería real, abierto de 9.00 a 19.00 de martes a domingo en Piazzetta Reale del Palacio, se puede tomar un refresco entre plata y porcelana en los salones interiores o en el patio principal.

PARA NIÑOS
Los Musei Reali reservan una cálida bienvenida a los visitantes más jóvenes. Los niños disfrutarán de los magníficos salones del palacio, las amenazantes armaduras de la armería, el misterio de los hallazgos arqueológicos y los espacios verdes de los jardines. También se les dedican numerosas actividades (talleres, visitas temáticas), con la aplicación descargable Mrt Play y con las curiosidades de la Galleria Junior, diseñadas para hacer que la visita al Museo di Antichità sea memorable.

Escanea este código QR para conocer las propuestas para familias.

Cappella della Sindone

El Palazzo Reale está conectado a la Galleria Sabauda por un pasillo situado en la primera planta, donde puede verse un interesante vídeo sobre la historia, destrucción y reconstrucción de la Cappella della Sindone, cuya entrada se encuentra justo en este punto. En 1997 se produjo un terrible incendio que dañó gravemente una torre del Palazzo Reale y la capilla construida para albergar el Santo Sudario, una obra maestra del ingenio arquitectónico. Aunque de eso hace más de un cuarto de siglo, aún hoy los visitantes exhiben la curiosidad que provoca un lugar durante mucho tiempo inaccesible. La construcción fue un proceso largo, iniciado en 1607 con el proyecto de Carlo di Castellamonte, interrumpido y reanudado en 1656 por el arquitecto Bernardino Quadri y, finalmente, confiado a Guarino Guarini en 1668: a él se debe la estructura formada por tres arcos alternados con pechinas, una retícula que hace posible el sólido pero elegante desarrollo vertical. En 1694 el Santo Sudario fue colocado en el altar central de madera de Antonio Bertola, que no ha sido completamente restaurado para que el recuerdo del incendio sea imborrable. Una inmensa vidriera separa la capilla del Duomo.

Galleria Sabauda

Saliendo de la capilla y continuando por el pasillo hacia la izquierda se llega a la Galleria Sabauda. La reforma más reciente ha convertido este museo, que alberga más de 500 obras de artistas piamonteses, italianos y flamencos (entre ellos Beato Angelico, Pollaiolo, Mantegna, Jan Van Eyck o Rubens), en uno de los más agradables de la ciudad. En la planta baja están los antiguos maestros piamonteses; en la 1ª planta hay un recorrido por el arte gótico, renacentista y barroco, mientras que el arte flamenco y del s. XVIII se concentra en la 2ª, que también alberga la Colección Príncipe Eugenio y el espacio Scoperte ("Descubrimientos"), con exposiciones temáticas. También en la 2ª planta se ofrece un valioso compendio de la visita al museo y a la ciudad con la *Vista de Turín desde los jardines reales* y la *Vista del antiguo puente sobre el Po en Turín* de Bernardo Bellotto, ambas encargadas por el rey Carlos Manuel III en 1745. Finalmente, en la 3ª y última planta aguardan las cerámicas Lenci y una mirada en profundidad a la Turín del s. XX.

Museo di Antichità

Un sorprendente viaje a través de la arqueología de Turín y el Piamonte, que remite a la de todo el Mediterráneo. La **Galleria Archeologica** fue creada en el 2022 para albergar un increíble patrimonio de obras del Mediterráneo antiguo, desde estatuas romanas hasta hallazgos procedentes de Chipre, pasando por piezas etruscas, fenicias y cartaginesas, escritura cuneiforme y hasta del Egipto helenístico. En el sótano, entre las bóvedas de cañón y los ladrillos vistos de la zona adyacente al anfiteatro romano, está la sección de **arqueología,** el imperdible **Tesoro di Marengo** y el **Padiglione del Territorio Piemontese.**

Giardini Reali

¿Puede un palacio real no tener un jardín digno de ese nombre? Hay que concluir la visita de la mejor manera posible saliendo a los Giardini Reali (8.30-19.00 ma-do), un refugio verde en pleno centro, que da continuidad a las líneas limpias del Palazzo Reale. Aún más agradable es ver exposiciones al aire libre, paseando entre las instalaciones.

Palazzo Chiablese

Contiguo al Palazzo Reale, este edificio del s. XVII reformado por Alfieri en el s. XVIII albergó a los príncipes cadetes de la Casa de Saboya, a Paolina Bonaparte y su esposo y a Margarita de Saboya, así como el Museo Nazionale del Cinema. Declarado Patrimonio Mundial por la Unesco, hoy acoge las oficinas del Ministerio de Cultura y exposiciones temporales de los Musei Reali.

PATRIMONIO UNESCO

Los Musei Reali forman parte del sitio Unesco conjunto de las Residencias de la Casa Real de Saboya, junto con la Biblioteca Reale (la entrada a la sala de lectura es gratuita) y el Archivo de Estado, que se encuentra entre la biblioteca y el Teatro Regio y se puede visitar con cita previa.

CERÁMICAS LENCI

Desde el 2023, en la 3ª planta de la Galleria Sabauda puede verse la colección de cerámicas creadas en la famosa fábrica Lenci entre 1927 y 1937. Los códigos QR y los soportes multimedia dan acceso a un mundo precioso y refinado.

★ IMPRESCINDIBLE

Museo Egizio

Cuatro plantas de tesoros, 2 km de superficie expositiva total, una profunda remodelación y frecuentes actualizaciones de la colección y el diseño: los faraones estarían satisfechos. Al igual que los turineses, que presumen del segundo museo egipcio del mundo tras el de El Cairo, y los visitantes, boquiabiertos ante el volumen y el refinamiento de los hallazgos. El egiptólogo Champollion tenía razón: "El camino a Menfis y Tebas pasa por Turín".

PLANO: P. 53 **B3**

CONSEJO
Para evitar las colas se puede reservar una visita guiada o comprar la entrada en línea.

Escanea este código QR para conocer los horarios y acceder a más información.

El museo

En 1824, el rey Carlos Félix compró la colección de reliquias del cónsul general francés durante la ocupación de Egipto. A principios del s. xx, el arqueólogo Ernesto Schiaparelli llevó a Turín los 18 000 objetos de su colección. Gracias a estas y otras aportaciones, algunas muy valiosas, como la **Mensa Isiaca,** el instrumento con el que el historiador alemán Athanasius Kircher intentó una primera traducción de los jeroglíficos (quizá, la razón de ser del museo), este enorme tesoro vio la luz. Es el museo más antiguo del mundo dedicado a la civilización egipcia y uno de los más visitados de Italia, y alberga más de 40 000 piezas, que abarcan desde el Neolítico hasta la época copta. Ha sido objeto de varias renovaciones (incluida la intervención del escenógrafo Dante Ferretti en el 2012 o la remodelación de la planta subterránea en el 2019), incluida una importante con motivo de su bicentenario en el 2024.

Planta baja y planta subterránea

Si se opta por la audioguía gratuita, quizás haciendo el recorrido corto, que permite una mayor libertad de movimientos, basta con escanear el código QR en la taquilla con un *smartphone* (hay

ANDREI TOMAS/SHUTTERSTOCK ©

UNA PAUSA
En el museo hay una cafetería, pero es preferible ir a **Pepino** (p. 41) o a la **Farmacia del Cambio** (p. 59), en Piazza Carignano.

CONSEJO
Los más valientes pueden echar un vistazo al **corredor de restos humanos,** en la 1ª planta. En la terraza, además de disfrutar de una sugerente vista del patio del museo y de los edificios circundantes, se puede visitar el **huerto** y los **Jardines Egipcios.**

que llevar auriculares). Pero incluso sin guía, la nueva instalación **Materia - Forma del Tempo,** inaugurada en octubre del 2024, es un comienzo explosivo: arranca con el espléndido sarcófago de la cantante de Amon Tamutmutef y con un vídeo explicativo sobre las técnicas de decoración de la madera (los recursos audiovisuales del museo son notables) introduce el tema de la sección, los materiales empleados en el antiguo Egipto. La madera y la terracota ocupan la planta baja y la piedra es la protagonista en la planta inferior.

Planta 2ª

Desde la planta baja, unas escaleras mecánicas conducen a la 2ª planta, donde está la sección dedicada al Periodo Dredinástico y al Imperio Antiguo, para pasar a dos ejemplos de tumbas (la **tumba de los Desconocidos** y la **tumba de Iti y Neferu**), las **Galerías de Cultura Material y de los Tejidos** y los hallazgos de los Imperios Medio y Nuevo.

Planta 3ª

Unos módulos con vídeos permiten transcribir el nombre del visitante en jeroglíficos antes de entrar en la **Galería de la Escritura,** que cuenta la evolución del idioma y la escritura egipcios, el uso del papiro y los secretos de la escritura jeroglífica.

Planta 1ª

Aquí se guardan algunas de las piezas más interesantes, incluidos los sarcófagos de **Kha y Merit,** con sus increíbles accesorios para el más allá, entre los que se incluyen hogazas de pan. En la sección dedicada a **Deir El-Medina** no hay que perderse el óstraco con la bailarina, cuya gracia es indescriptible. Desde aquí se pasa por la **Galería de los Sarcófagos,** el **Valle de las Reinas** y se llega a la época romana y de la Antigüedad tardía.

La visita termina regresando a la planta baja, donde también están las espectaculares estatuas de la **Galería de los Reyes** y el **templo de Ellesiya.**

★ IMPRESCINDIBLE

Palazzo Madama

Testimonio visual de la historia de Turín situado en Piazza Castello, puerta oriental de la Augusta Taurinorum romana, castillo fortificado en la Edad Media, residencia de los príncipes de Acaya, debe su nombre a la dama real Cristina de Francia, que vivió en él desde 1600 (y cuyo fantasma se dice vaga inquieto por el salón una vez al año). Sede del primer Senado Subalpino en 1848, ha sido siempre un punto de referencia, hasta convertirse en el centro cultural y artístico actual.

PLANO: P. 53 **C2**

Fachada y escalinata de Juvarra

Aunque el palacio proyectado por Filippo Juvarra para María Juana Bautista de Saboya-Nemours nunca se construyó, el arquitecto logró completar la espléndida fachada barroca en piedra blanca que aún hoy domina la plaza y oculta por un momento la forma real del palacio. Juvarra, escenógrafo teatral, es también el autor de la doble rampa de la espléndida escalera de entrada (foto), que deja sin palabras.

Museo Civico d'Arte Antica

Fundado en 1934 y reabierto en el 2006, el museo ofrece cuatro plantas repletas de obras de arte e historia: la Edad Media, al nivel del antiguo foso medieval; del gótico al Renacimiento, en la planta baja (imprescindible el *Retrato de un hombre* de Antonello da Messina, en la Torre de los Tesoros); el barroco, en la 1ª planta y las artes decorativas, en la 2ª.

Salone del Senato

La gran sala de la 1ª planta se convirtió en sede del primer Senado del Reino de Italia en 1848, por voluntad de Carlos Alberto. Las decoraciones que representan las provincias de Saboya datan del

CONSEJO

No es tan alta como la última planta de la Torre Littoria (p. 54), pero no hay que perderse la vista a Piazza Castello y la ciudad desde la torre panorámica del palacio.

Escanea este código QR para conocer los horarios y acceder a más información.

GIMAS/SHUTTERSTOCK ©

UNA PAUSA
Hay muchas opciones para recuperar fuerzas con un café con nata o un excelente *tramezzino:* el **Caffè Mulassano** (p. 59) y **Baratti & Milano** (p. 59) están a dos pasos.

s. XVIII, mientras que las historias de la Casa de Saboya pintadas en la bóveda son del s. XIX (1837).

Espacio expositivo

Retrospectivas de grandes fotógrafos, exposiciones sobre la vida de Primo Levi o Marilyn Monroe, sobre el arte bizantino y el *liberty* turinés, sobre las obras maestras de Mantegna y sobre joyería, moda y diseño. Los grandes clásicos, el mundo moderno y el contemporáneo tienen cabida en el Palazzo Madama.

Jardín medieval

El jardín situado detrás del palacio es una agradable zona verde que refresca el foso con parterres de plantas medievales y árboles frutales. Se puede visitar de marzo a octubre (incluido en la entrada).

★ IMPRESCINDIBLE

Chiesa di San Lorenzo y Duomo di San Giovanni

No son asimilables en todos los aspectos: una es barroca, otro renacentista; una triunfante y suntuoso, otro sobrio y esencial. Sin embargo, tienen muchos puntos en común: la proximidad geográfica, separadas únicamente por el Palazzo Chiablese y parte de Piazza San Giovanni; el sello inconfundible de Guarino Guarini; el Santo Sudario y su historia misteriosa.

Real Chiesa di San Lorenzo

PLANO: P. 53 **C2**

Un voto formulado durante la batalla de San Quintín (ganada el 10 de agosto de 1557, día de San Lorenzo) por Manuel Filiberto dio lugar a la restauración de la Chiesa di Santa Maria ad Præsepe, donde en 1578 se custodiaba temporalmente el Santo Sudario, tras ser trasladado desde Chambéry. En 1667 los Saboya encargaron a Guarino Guarini el diseño de la nueva iglesia de San Lorenzo, que resultó ser una de las obras maestras del genial arquitecto modenés, expresión del gusto estético y del clima religioso de la época.

Duomo di San Giovanni

Único templo renacentista de la ciudad (foto), iniciado en 1491, tiene una fachada y un interior en mármol blanco, pulido y depurado. Las líneas claras de la plaza que lo rodea, la escalinata y el campanario del s. XV lo confirman como lugar de culto principal de la ciudad.

Guarino Guarini

La mano del genial Guarini es inconfundible en la Chiesa di San Lorenzo, donde las líneas curvas guían a los fieles a lo divino, hasta la cúpula inundada de luz y vacía de representaciones, porque los

CONSEJO

Merece la pena visitar el **Museo Diocesano,** junto al Duomo, con obras de temática cristiana, una pinacoteca, una zona arqueológica y acceso al campanario.

Escanea este código QR para acceder a más información sobre el Museo Diocesano.

ZILLI ROBERTO/DREAMSTIME.COM ©

UNA PAUSA
Hay muchas opciones: un helado de **Vanilla** (p. 95), un bocadillo en **Ranzini** (p. 95), un café o algo de comer en una de las terrazas del **Largo IV Marzo** (p. 94).

frescos solo son visibles los días de los equinoccios. El toque del genial arquitecto se aprecia también en la **Cappella della Sacra Sindone del Duomo** (p. 43), que, después de cerrarse tras el incendio de 1997, ha vuelto a abrirse al público y es accesible desde los Musei Reali (p. 42).

Santo Sudario

En 1578, el lienzo sagrado fue depositado temporalmente en la Chiesa di Santa Maria ad Præsepe, traído de Chambéry. Trasladado a la capilla de la catedral en 1694, actualmente se conserva en una vitrina, una vez restaurado en el 2002 después del incendio de 1997. La exposición se realiza a intervalos variables, según decisión del papa.

A
B
C
D
1
2
3
4
5
6
0
200 m
Teatro romano
Musei Reali
Giardini Reali
P.za S. Giovanni
Palazzo Chiablese
Piazzetta Reale
Chiesa di San Lorenzo e Duomo di San Giovanni
Palazzo Madama
Piazza Castello
1
Teatro Regio
5
Piazzetta Accademia Militare
Galleria Subalpina
8
Galleria San Federico
7
Piazza Carignano
2
Museo Egizio
Accademia delle Scienze
6
Piazza San Carlo
3
Piazza C.L.N.
4
Piazza Carlo Alberto
Palazzo Asinari di San Marzano
Piazza Carlo Emanuele II
Piazzale Valdo Fusi
Ospedale S. Giovanni Battista
Piazza Bodoni
Piazza Paleocapa
Giardini Sambuy
Piazza Carlo Felice
Piazza Lagrange
Porta Nuova
Giardini Cavour
P.za Palazzo di Città
Ex Arsenale
Via Santa Chiara
Via San Domenico
Via Corte d'Appello
Via Sant'Agostino
Via Bellezia
Via Milano
Via Porta Palatina
Via IV Marzo
Via Conte Verde
Via Giuseppe Garibaldi
Via Cappel Verde
Via Palazzo di Città
Via degli Stampatori
Via Barbaroux
Via Botero
Via Monte di Pietà
Via dei Mercanti
Via San Tommaso
Via XX Settembre
Via Bertola
Via Rodi
Via Pietro Micca
Via Viotti
Via Roma
Via Accademia delle Scienze
Via San Francesco d'Assisi
Via Santa Teresa
Via Vittorio Alfieri
Via Deliala
Via Lascaris
Via Arsenale
Via dell'Arcivescovado
Via S. Frola
Via Rossi
Via Lagrange
Via Maria Vittoria
Via Giovanni Giolitti
Via Bogino
Via Principe Amedeo
Via Des Ambrois
Via Santa Croce
Via dell'Accademia Albertina
Via San Massimo
Via Vasco
Viale dei Partigiani
Viale Luzio
Viale I Maggio
Via Verdi
Via Po
Via Virginio
Via C. Battisti
Via Amendola
Via Buozzi
Via Gramsci
Via Gobetti
Via Carlo Alberto
Via Costa
Via Cavour
Via Pomba
Via Andrea Doria
Via dei Mille
Via San Francesco da Paola
Via Giuseppe Mazzini
Via Rattazzi
V. Pomba
Corso Vittorio Emanuele II
Via Fratelli Calandra
9
10
11
12
13
14
15
16
17
18
19
20
21
22
23
24
25
26
27
28
29
30
31
Más información
Imprescindible p. 42
Experiencias p. 54
Comer p. 58
Beber p. 59
Comprar p. 59

EXPERIENCIAS

Entender Turín en Piazza Castello PLAZA

PLANO: 1 P. 53 C3

Aquí convergen las principales arterias del centro (Via Po, Via Roma, Via Pietro Micca y Via Garibaldi) y, mirando alrededor, se abarcan todos los elementos fundamentales de la historia de Turín. **Piazza Castello** está rodeada de soportales (para que el rey pudiera moverse siempre a cubierto): en el centro destaca el **Palazzo Madama;** en su esquina norte está delimitada por el **Palazzo Reale,** el **Palazzo Chiablese** y la **Chiesa di San Lorenzo;** en el este se encuentra el prestigioso **Teatro Regio;** y en el sur, la encantadora **Galleria Subalpina.** Además, si se mira hacia arriba se ve el primer rascacielos de Turín, el único hasta hace unos años: la **Torre Littoria,** de Armando Melis (1934), de 109 m de altura. No hace falta enumerar sus atractivos, ya que es un lugar de paso obligado, de día o de noche. Y para quien necesite un descanso, los históricos cafés **Caffè Mulassano** y **Baratti & Milano** ofrecen una pausa auténticamente turinesa.

Acomodarse en el salón de Piazza Carignano PLAZA

PLANO: 2 P. 53 C3

Llegar a la peatonal **Piazza Carignano** es como entrar en un suntuoso salón: hay que recorrerla a lo largo y a lo ancho, quizás parando a tomar un helado en **Pepino,** unos pasteles en la **Farmacia del Cambio** (p. 59) o, si el presupuesto lo permite, una cena en los lujosos salones del restaurante **Del Cambio,** seguida de un cóctel en el **Bar Cavour.** Destaca la fachada del s. XVIII del **Teatro Carignano,** que acoge obras dramáticas, danza y ópera desde 1710, o las líneas onduladas del **Palazzo Carignano,** cuyas sinuosas líneas son obra de Guarino Guarini, que lo construyó entre 1679 y 1684 (el lado que da a Piazza Carlo Alberto es del s. XIX). Entre estos muros nacieron Carlos Alberto y Víctor Manuel II y se produjeron acontecimientos cruciales en la vida política y cultural piamontesa. En el interior se puede

GRANDES NOMBRES PARA LA NUEVA CAPITAL

A partir del traslado de la capital de Chambéry a Turín, decretada por Manuel Filiberto en 1563, la ciudad conoció una de las primeras grandes remodelaciones: los maestros barrocos Ascanio Vittozzi, Guarino Guarini y Filippo Juvarra transformaron una urbe aún medieval, con cerca de 20 000 habitantes, en una espléndida capital europea. La misión continuó con intervenciones posteriores de Carlo y Amedeo di Castellamonte y Benedetto Alfieri.

ENTRE EL HORROR Y LA METAFÍSICA

Está dedicada al Comité de Liberación Nacional, pero está rodeada de enormes soportales de estilo fascista. Las piedras brillantes y las líneas depuradas le dan un aire suspendido, enrarecido e intrigante. Están las estatuas del Po y de Dora Riparia, plácidamente recostadas sobre las fuentes de Umberto Baglioni (1937), y el recuerdo del joven Gabriele Lavia dándole la espalda a la estatua del Po y mirando un bar iluminado de azul. Se trata de **Piazza C.L.N.** (PLANO: 4 P. 53 **B4**), elegida por Darío Argento en 1975 como escenario de *Rojo oscuro* y amada por De Chirico porque, es cierto, ese tramo de Via Roma es verdaderamente 'metafísico'.

visitar el suntuoso **Appartamento dei Principi** (también conocido como Appartamento di Mezzogiorno), hoy restaurado, y el **Museo Nazionale del Risorgimento Italiano,** fundado a principios del s. XX para celebrar la autoridad de la dinastía de Saboya y del Estado saboyano: sus 2579 piezas, distribuidas en 3500 m² de 30 salas, narran no solo la historia de Italia, sino la paralela de toda Europa. No hay que perderse la **Camera dei Deputati Subalpina** y la gran sala construida para albergar la nueva **Camera dei Deputati del Regno d'Italia** (nunca utilizada debido al traslado de la capital de Turín a Florencia y luego, a Roma), donde hoy se exhiben los grandes lienzos que representan la epopeya militar de 1848 a 1860.

Descubrir la elegante Piazza San Carlo HISTORIA Y CULTURA

PLANO: 3 P. 53 **B4**

La que en su día se conoció como Piazza Reale fue encargada por María Cristina de Francia, la joven esposa de Víctor Amadeo I de Saboya, que sentía nostalgia de su París. La belleza y la grandeza de **Piazza San Carlo,** a cuyos largos lados se despliegan los soportales y se agolpan las marcas de lujo, recuerdan a las plazas parisinas. El famoso **Caval 'd Brôns,** en el centro, representa al duque Manuel Filiberto a caballo, y, en el lado de la estación de Porta Nuova, están las dos iglesias gemelas de **Santa Cristina,** encargada por Maria Cristina en 1639, tras la muerte de su hijo (a la izquierda mirando a la estación), y **San Carlo Borromeo,** encargada en 1619 por Carlos Manuel I. La capilla de la primera fue diseñada por Amedeo di Castellamonte, mientras que el campanario (1779) y la fachada del s. XIX son de Ferdinando Caronesi; la fachada de la segunda (1715-1718) lleva la firma de Juvarra. Dando un salto al mundo contemporáneo se puede visitar la cuarta sede italiana de las **Gallerie d'Italia** (después de las de Milán, Nápoles y Vicenza), ubicada en el Palazzo Turinetti di Pertengo del s. XVIII, que dedica cinco plantas a lo mejor de la

'VERITAS ET UTILITAS'

Promover el progreso de la ciencia en beneficio de la sociedad: este es el mensaje (condensado en el lema latino) de la histórica **Accademia delle Scienze** (PLANO: 6 P.53 **B4**) de Turín, fundada en 1757 por el conde Giuseppe Angelo Saluzzo di Monesiglio, el médico Gianfrancesco Cigna y el matemático Luigi Lagrange con el objetivo de promover y difundir los estudios científicos. Institución privada desde el año 2000, dispone de un archivo y una biblioteca abiertos al público (en el sitio *www.accademiadellescienze.it* se puede rellenar un formulario para fijar una cita) y organiza congresos y conferencias para especialistas y exposiciones y eventos de divulgación científica para el público. Es posible reservar una visita guiada para grupos.

fotografía y el videoarte, con exposiciones temporales y colecciones permanentes. Luego toca relajarse en uno de los cafés históricos o elegir una gran comida en **Scatto,** en el patio del museo. Antes de abandonar la plaza, con la estación de Porta Nuova a la espalda, hay que mirar hacia arriba y a la derecha: en el edificio que hace esquina con Via Giolitti, entre la primera y la segunda ventana del 2º piso, entre la segunda y la tercera de la planta principal y encima de la pastelería **Stratta,** se aprecian tres puntos: son tres balas de cañón incrustadas en la pared, recuerdos del asedio napoleónico de Turín.

Una velada en el Teatro Regio TEATRO, ÓPERA, CONCIERTOS

PLANO: 5 P. 53 **D3**

Uno de los teatros líricos más importantes de Europa, encargado por Víctor Amedeo II y diseñado por Filippo Juvarra, luego perfeccionado por Benedetto Alfieri por encargo de Carlos Manuel II, vio la luz en el lejano 1740, fue destruido por un incendio en 1936 y reconstruido en 1973, según el proyecto del visionario arquitecto turinés Carlo Mollino. Del edificio original solo queda la fachada, hoy Patrimonio Mundial de la Unesco. Si se dispone de tiempo, merece la pena asistir a un espectáculo. Como alternativa, si la puerta de Piazza Castello (la "odisea musical" de Umberto Mastroianni) está abierta, se puede cruzar el enorme espacio de piso pulido (la Galleria Francesco Tamagno) y echar un vistazo a la entrada. Hacia el Archivo de Estado y más allá de la taquilla, se encuentra **Piazzetta Carlo Mollino,** una especie de patio silencioso, desde el que los artistas acceden al teatro.

Sentirse en Francia en los 'passages' GALERÍAS COMERCIALES

En lo que se refiere a galerías comerciales antiguas, Turín no tiene rival. Las principales están aquí, en pleno centro: la primera es la ecléctica **Galleria San Federico** (PLANO: 7 P. 53 **B3**), un ejemplo típico de planta "cielo-tierra" con forma de T (y tres entradas, por Via Roma, Via Bertola y Via Santa Teresa), construida entre 1932 y 1933. Alberga el **Cinema Lux,** con una espectacular escalera bajo la gran cúpula central, **cafés, restaurantes** y tiendas. La **Galleria Subalpina** (PLANO: 8 P. 53 **C3**) es más antigua y fue diseñada para el entretenimiento burgués del s. XIX. Con dos plantas y rematada por un encantador techo de cristal y hierro, conecta desde 1874 Piazza Carlo Alberto con Piazza Castello; aquí se encuentran, entre otras cosas, un cine de arte y ensayo (el **Romano**), la nueva sede de la histórica **Libreria Luxembourg** (p. 59) y los grandes ventanales del café **Baratti & Milano** (p. 59), desde los que se puede admirar la decoración y espiar a los clientes, como hacía el poeta Guido Gozzano. Escondida detrás del Museo Egizio se encuentra una tercera pequeña galería central, que conecta la corta Via Eleonora Duse con Via Maria Vittoria, un pasaje secreto que conduce a Piazza San Carlo. Al dirigirse después hacia Porta Palazzo, hay que ver también la agradable arquitectura de la **Galleria Umberto I** (p. 88).

LOS ESCENARIOS DE TURÍN

Turín es una ciudad de teatro. La **Fondazione del Teatro Stabile** *(www.teatrostabiletorino.it)* tiene una fuerte presencia en el tejido sociocultural de la capital piamontesa, con una rica programación de espectáculos italianos e internacionales y espacios dignos de este papel protagonista. En primer lugar, el **Teatro Carignano** (p. 54), una joya del s. XVIII, y el **Teatro Gobetti** (PLANO: P. 70 **B2**), construido en 1840 para la Accademia Filodrammatica, que se convirtió en sede del Piccolo Teatro di Città en 1955 y fue reabierto en el 2001 tras varias reformas. Por último, la **Fonderie Limone** (p. 159) de Moncalieri, un antiguo complejo industrial de la década de 1920 en un espacio evocador. De gran nivel es también la temporada teatral de la **Fondazione Teatro Piemonte Europa** *(fondazionetpe.it)*, que tiene su sede principal en el **Teatro Astra** (Via Rosolino Pilo 6); este último acoge numerosos espectáculos del prestigioso **Festival delle Colline Torinesi** (p. 30).

SUGERENCIAS

Lo mejor para...

€ Económico €€ Medio €€€ Alto

Localizaciones en el plano de la **p. 53**

Comer

De Oriente Próximo

Kirkuk Kaffè €
9 C4
Institución exótica en la peatonal Via Carlo Alberto: kebab, *dolma, bulgur, retsina* o té y dulces de Oriente Medio, entre cojines, alfombras y artesanía. *www.kirkukkaffe.com; cerrado do y lu*

'Pizza' a la antigua usanza

Alla Baita dei Sette Nani €
10 B5
Parece un local de provincias de la década de 1970, pero estamos en el s. XXI, en el centro de Turín. Precios irresistibles, como los de la *farinata* y la *pizza* al *padellino*. *www.pizzeria7nani.it; cerrado lu*

Económico

MBun €**
11 B6
En esta hamburguesería ecológica tradicional piamontesa, la producción está controlada y los ingredientes son de proximidad. Los niños disfrutan aprendiendo los nombres piamonteses de los bocadillos y en la zona de juegos. *www.mbun.it; horario ininterrumpido sa y do*

Sicilia en Turín

Sicily on StreEat €
12 C3
Los colores del Mediterráneo en la ciudad: los deliciosos *arancini*, las frituras y los *cartocciate* al horno lo confirman; y los postres, especialmente los *cannoli* rellenos al momento, los granizados y los *iris*, en varios sabores. *sicilyonstreeat.eatbu.com*

'Pizza' con vistas

Sfashion Café €€
13 C3
Pizzas napolitanas, frituras y platos de pescado en uno de los restaurantes abiertos en Turín por Piero Chiambretti. Ubicación envidiable en Piazza Carlo Alberto, con terraza todo el año. *www.foodandcompany.com*

Bistró con estilo

Razzo €€
14 C5
En un ambiente cálido y refinado, se puede comer y beber bien, con un menú de tres o cuatro platos y una carta de vinos constantemente actualizada. *www.vadoarazzo.it; cerrado a mediodía*

Polvo de estrellas

Del Cambio €€€
15 C3
Famoso salón del s. XVIII frecuentado por Cavour, un concentrado de elegancia saboyana y refinamiento gastronómico. *delcambio.it; cerrado lu, ma-ju a mediodía, do noche*

Ristorante Carignano €€€
16 B5
El chef Davide Scabin dirige este restaurante refinado; hay que elegir el gran menú de degustación, no sin antes tomar un *gin tonic* en la barra, que ayuda a no pensar

en la cuenta. *ristoranteca rignano.it*

Beber

Coctelerías

Bar Cavour

17 C3

Encima del restaurante Del Cambio, una coctelería con una cocina digna de su pariente de la planta baja. El mobiliario, el ambiente, las bebidas: todo rezuma estilo y sofisticación. *barcavour.com; cerrado lu*

Locales históricos

Farmacia del Cambio

18 C3

Una antigua farmacia que ofrece delicias dulces y saladas que pueden curar muchas dolencias, una reinterpretación de los productos del restaurante adyacente. *farmaciadel cambio.it*

Caffè Mulassano

19 C3

Pequeña, preciosa, resplandeciente: esta joya, celosamente conservada en Piazza Castello, es el café histórico de Turín por excelencia. *www.caffemulassano.com*

Baratti & Milano

20 C3

A pocos pasos del Caffè Mulassano, otra máquina del tiempo: no hace falta cerrar los ojos para imaginarse a finales del s. XIX. *www.barattiemilano.it*

Roma già Talmone

21 A5

Inaugurado en 1883, su punto fuerte es la pastelería, aunque el aroma histórico invita a disfrutar de un aperitivo o una copa después de la cena. *www.romagiatalmone.it*

Bares de vinos

Parola

22 C3

Desde 1890 la familia Parola vende vinos en la histórica tienda de Corso Vittorio Emanuele 76 y en este local entre Piazza Carignano y Piazza Carlo Alberto. *cerrado do*

De la mañana a la noche

Bar Zucca

23 A5

Café histórico de la década de 1920, a dos pasos de Via Roma. Aquí todo está cuidado, desde los cruasanes del desayuno hasta los cócteles de la noche. *barzucca.it; cerrado lu*

Comprar

Chocolate

Confetteria Avvignano

24 A5

Encantador Locale Storico d'Italia (desde 1883), con un reconocido surtido de *gianduiotti,* bombones típicos piamonteses, *baci* de Cherasco y todo lo que los más golosos puedan imaginar. *www.confetteria-avvignano.it*

Giordano

25 A6

A pocos pasos de Avvignano, otro tesoro de delicias, abierto desde 1897: *gianduiotti, giacomette, cremini,* cremas para untar... *www.giordanocioccolato.it*

Librerías

Libreria Luxembourg

26 C3

Muy bien surtida con títulos de literatura internacional y una rica sección de periódicos y revistas extranjeras. Abierta en 1872, hoy situada en la Galleria Subalpina, con cafetería y terraza. *librerialuxemburg.wordpress.com*

Libreria Bodoni/ Spazio B

27 B5

Los libreros son amables y la selección está cuidada: editoriales independientes, libros de arte y fotografía, literatura en lenguas extranjeras y de viajes, una sección sobre Asia y otra para niños y jóvenes, y mucho más. En Spazio B hay presentaciones con autores y encuentros interesantes.

Ropa y accesorios

Uno

28 B3

Vestidos y bufandas, zapatos, bolsos y carteras, gafas de sol y calcetines, collares y pulseras, en su mayoría de diseñadores italianos emergentes. *cerrado lu*

Vinos y licores

Dispensa

29 C3

Vinos y licores de todo el mundo, de pequeños y medianos productores. Catas temáticas, encuentros y toda la riqueza de la cultura y tradición enogastronómica. *www.dispensa.com; cerrado lu*

Joyas y cerámica de autor

Creativity Oggetti

30 B6

Objetos de diseño que pueden usarse como accesorios, como un collar hecho con pequeñas esferas de cristal o una pulsera de malla con bolas rojas. La mejor producción artesanal italiana y extranjera a precios asequibles. *www.creativity.it; cerrado lu por la mañana y do*

Dulces, 'focaccia' y mucho más

Perino Vesco

31 B5

Basta probar un trozo de *focaccia* para decidir hacer una parada en esta panadería y desayunar en la terraza o comprar *baci di dama* o pan fresco. Es casi inevitable acabar haciendo cola en el mostrador. *www.perinovesco.it.*

SANNIELY/ISTOCKPHOTO.COM ©

Sugerencias de lugares para comer, beber y comprar en **p. 75**

Explora
Via Po y alrededores

Nexo del corazón regio de Piazza Castello con el río, con la colina al otro lado del puente como punto de fuga, Via Po, diseñada para que el rey pudiera llegar a Piazza Vittorio Veneto al abrigo de los pórticos, compite con Via Roma por el papel de reina del centro de la ciudad. Las manzanas que se extienden por sus dos lados, hasta los barrios de San Salvario al sur y Vanchiglia al norte, cuentan con edificios de los ss. XVIII y XIX, plazas encantadoras, museos y algunas de las tiendas más bonitas del centro. Y, dominándolo todo, la excéntrica Mole Antonelliana, que capta la mirada y la atención, como la referencia artística en que ha querido convertirla el destino.

Cómo desplazarse

A pie

La mejor forma de pasear bajo los soportales y de plaza en plaza, por las calles llenas de cafés, tiendas interesantes y locales donde beber o comer.

Autobús

Los n° 55 y 56 recorren Via Po en toda su extensión.

Tranvía

El n° 13 recorre Via Po, uniendo Piazza Castello con Piazza Vittorio Veneto; en sentido contrario, continúa hasta la estación de Porta Susa; el n° 15 atraviesa Piazza Vittorio Veneto y continúa hasta Porta Nuova y más allá.

La Mole Antonelliana (p. 68).

MARTINA RIGOLI/ISTOCKPHOTO.COM ©

LO MEJOR

TEMPLO DEL CINE
Mole Antonelliana (p. 68)

PATRIMONIO ESCONDIDO
Cavallerizza Reale (p. 71)

FOTOGRAFÍA CONTEMPORÁNEA
Camera (p. 72)

CINE DE AUTOR
Cinema Massimo (p. 73)

CIRCUITO A PIE

Soportales y plazas

Ir de tienda en tienda, pasear a cubierto, detenerse en las terrazas de una espléndida plaza: un paseo por el centro de Turín, incluso en un día lluvioso, es la mejor manera de vivir la ciudad. También por esto hay que dar las gracias a los Saboya, quienes a partir del s. XVII se acostumbraron a pasear por la ciudad sin mojarse.

INICIO	FINAL	DURACIÓN
Piazza Vittorio Veneto	Piazza Carlo Felice	4 km; 1 h

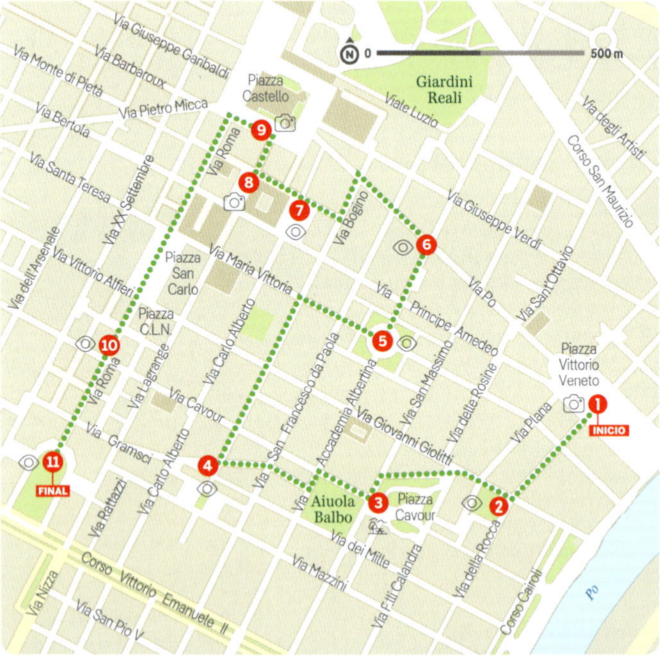

1 La escenografía perfecta

Bajo los **soportales de Piazza Vittorio Veneto** hay locales con terraza, restaurantes y tiendas. El inmenso rectángulo que lo rodea parece un escenario teatral que se sumerge en el Po: hay que recorrerlo a lo largo y a lo ancho, disfrutando de las sublimes perspectivas arquitectónicas y de la vista de la colina.

2 Una joya de color esmeralda

Desde los amplios espacios de Piazza Vittorio Veneto se llega a la atmósfera íntima de la antigua escuela de equitación de los Saboya, la arbolada **Piazza Maria Teresa,** con sus edificios neoclásicos, su hermoso jardín y sus cafés con terraza.

3 Al fresco en pleno centro

Los parterres verdes y el elegante diseño de los **Giardini Cavour** conducen a la gran fuente del **Aiuola Balbo,** con bancos para sentarse a admirar los edificios del s. XIX.

4 Al ritmo de la música

En la hermosa **Piazza Bodoni,** entre el Conservatorio y la estatua de Alfonso La Marmora, se pueden hacer compras musicales en la Beethoven Haus o ir al Cinema Nazionale.

5 Piazza Carlina

El edificio donde vivió Gramsci y muchas terrazas dan a la geometría perfecta de **Piazza Carlo Emanuele II,** su verdadero nombre.

6 Paso obligado

Bajo los **soportales de Via Po,** quizá los más característicos de la ciudad, se puede comprar y comer casi de todo.

7 Un concentrado de historia

Merece la pena sentarse en un banco en **Piazza Carlo Alberto,** sede de la Biblioteca Nazionale Universitaria y del Museo del Risorgimento; a ella se asoma el apartamento de Via Carlo Alberto n° 6 donde se alojó Friedrich Nietzsche, sobre la entrada de la Galleria Subalpina.

8 El salón de Turín

Piazza Carignano es una concentración de belleza y sabor: el Teatro y el Palazzo Carignano, los helados de Pepino, la elegancia del Ristorante y la Farmacia del Cambio.

9 Centro neurálgico

Piazza Castello lo tiene todo: el Palazzo Madama, los transeúntes, los pintorescos pórticos que desembocan en el patio del Palazzo Reale. Y el Caffè Mulassano.

10 Pasillos rigurosos y elegantes

Los **soportales de Via Roma** son los de las tiendas de lujo, la espectacular apertura de Piazza San Carlo y los secretos de Piazza C.L.N.

11 Un dulce final

La última parada es la verde **Piazza Carlo Felice,** entre chocolaterías y otras delicias, frente a la estación de Porta Nuova.

CIRCUITO A PIE

Palacios y patios

Hay muchos edificios maravillosos en el centro de Turín, con elegantes fachadas, construidos en su mayoría a partir del s. XVII como residencias nobles y sujetos a sucesivas reformas arquitectónicas a lo largo de los siglos. Algunos ocupan manzanas enteras y todos se articulan en torno a un patio panorámico, al que a menudo es posible colarse. Estos son nuestros favoritos.

INICIO	FINAL	DURACIÓN
Via Po	Via della Consolata	2,8 km; 1 h

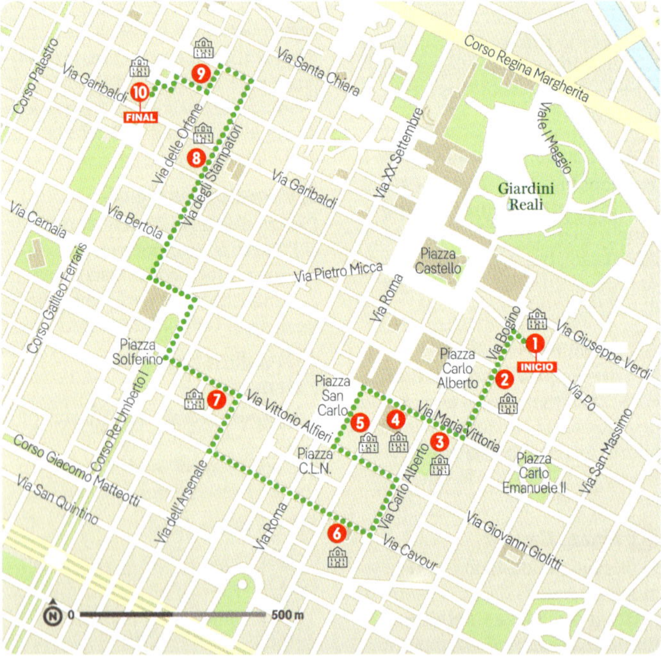

1 Palazzo dell'Università

En este espléndido patio del s. XVIII en Via Po 17, con doble logia y rodeado de oficinas universitarias, a menudo se exponen obras de arte. La fachada de Via Verdi es de Juvarra.

2 Palazzo Graneri della Roccia

Antes de subir a la sede del Circolo dei Lettori, hay que admirar la escalera, la logia, el patio y, el jardín. A finales del s. XVII, la familia Graneri della Roccia quiso competir con la Casa de Saboya.

3 Palazzo dal Pozzo della Cisterna

Claramente visible desde Via Carlo Alberto, en Vía Maria Vittoria 12, es exuberante y decadente, un digno contrapunto del edificio del s. XVII que sirve de sede a la Città Metropolitana di Torino.

4 Palazzo Asinari di San Marzano

En Via Maria Vittoria 4 se encuentra el denominado Palazzo Carpano, sede histórica de la empresa productora de vermut, encargado por el marqués Asinari di San Marzano y terminado en 1686. Vale la pena ver el precioso atrio y el fondo neobarroco del patio.

5 Palazzo Solaro del Borgo

Proyecto del s. XVII de Carlo di Castellamonte, con intervenciones posteriores de Benedetto Alfieri, encargo de los marqueses Isnardi di Caraglio. Está en Piazza San Carlo 183.

6 Palazzo Cavour

Casa natal de Cavour y claro ejemplo del barroco piamontés, es escenario habitual de eventos. En el nº 8 de la calle homónima.

7 Palazzo Lascaris

En Via Alfieri 15. Construido entre 1663 y 1665 según proyecto de Amedeo di Castellamonte, fue propiedad de la familia Cavour y actualmente es la sede del Consejo Regional. Se puede visitar con reserva.

8 Palazzo Scaglia di Verrua

Raro ejemplo de edificio del s. XVI no remodelado en época barroca. La fachada es espléndida, con refinados frescos, así como el interior, en un patio íntimo. En Via Stampatori 4, en la zona del Quadrilatero Romano.

9 Palazzo Falletti di Barolo

Construido a finales del s. XVII, sufrió ampliaciones y modificaciones hasta el siglo pasado. Es el palacio turinés por excelencia, por su sobria fachada de estilo barroco tardío, los interiores rococós de Benedetto Alfieri y la magnificencia del patio. También alberga exposiciones. En Via delle Orfane 7.

10 Palazzo Saluzzo Paesana

Situado en Via della Consolata 1/bis, presenta una entrada realzada por columnas, una fachada sobria y una explosión de suntuosidad en el atrio, la escalera y el patio. Una manzana entera de magnificencia de los ss. XVII y XVIII.

★ IMPRESCINDIBLE

Mole Antonelliana y Museo Nazionale del Cinema

Se trata de uno de los experimentos más interesantes de comunión entre arquitectura histórica y actividad museística de Italia, un atractivo turístico profundamente vinculado a la cultura de la ciudad en uno de los edificios simbólicos más emblemáticos de Turín. El Massimo, cine oficial del museo, completa la oferta con un recorrido casi ininterrumpido por el séptimo arte.

PLANO: P. 70 **C3**

CONSEJO
Es obligado tomar el ascensor panorámico que lleva a la terraza, a 85 m de altura.

Escanea este código QR para conocer los horarios y acceder a más información.

El edificio

Con su forma audaz, la Mole ha hecho inconfundible el perfil urbano de Turín desde 1889. Diseñada por el imaginativo e incansable Alessandro Antonelli (1798-1888), iba a ser la sinagoga de la ciudad, pero, tras desacuerdos entre el arquitecto y la comunidad judía, fue comprada por el Ayuntamiento. Hoy ha cedido el récord de altura al rascacielos de la Región del Piamonte (205 m), en la zona del Lingotto, pero, con sus 167,5 m, 25 cm más que el rascacielos Intesa Sanpaolo (p. 126), todavía conserva la medalla de plata. En 1904 un huracán derribó la estatua del genio alado que coronaba su cima (hoy conservada en el interior), que fue sustituida por una estrella. En el exterior siempre hay gente mirando hacia arriba para admirar el imponente pronaos, con sus columnas de 30 m de altura, o las instalaciones luminosas que a menudo lo hacen brillar por la noche.

El museo

Situado en pleno centro, es uno de los lugares más populares de Turín, la ciudad del cine por excelencia. Trasladado a esta sede a principios del milenio, con el audaz diseño del escenógrafo

CLAUDIO DIVIZIA/SHUTTERSTOCK ©

François Confino, el Museo del Cinema consta de varias secciones: empieza con las colecciones históricas de **Arqueología del Cine;** luego pasa a la sorprendente **Aula del Templo,** donde sinuosas tumbonas de color rojo fuego invitan a tumbarse para admirar escenas memorables de clásicos que se suceden en las pantallas, a la espera del espectáculo de luz y sonido en las paredes de la cúpula. A continuación, están la **Máquina de Cine** y la **Galería de Carteles** y, para concluir, toca subir la **Rampa Helicoidal** para disfrutar de la magia del conjunto. La sensación a la salida no es de haber visitado un museo, sino un cine, y no solo como espectador. Programa también muchas y prestigiosas exposiciones temporales. Es recomendable reservar en línea, especialmente los fines de semana.

UNA PAUSA

Muy cerca están el **Caffè Elena** (p. 76), **Ghigo** (p. 41) o **Fiorio** (p. 41). Cruzando Via Po, la tienda gastronómica **Chuan Xiang Ju** ofrece auténtica comida china.

Más información
Imprescindible p. 68
Experiencias p. 71
Comer p. 75
Beber p. 76
Comprar p. 77
0 200 m
A B C D
1 2 3 4 5 6
Dora Riparia
Corso Regina Margherita
Via S. Giulia
Corso San Maurizio
Via G. Rossini
Largo Montebello
Via Montebello
Via Santa Giulia
Via Tarino
Via Sant'Ottavio
Via degli Artisti
Via Guastalla
Piazzetta Reale
Piazza Castello
Giardini Reali
Piazza Rossaro
Viale Luzio
Piazzetta Accademia Militare
Auditorium Rai Arturo Toscanini
Cavallerizza Reale
Galleria Subalpina
Via C. Alberto
Via Po
Via Giuseppe Verdi
Via G. Ferrari
Mole Antonelliana y Museo Nazionale del Cinema
Via Cesare Battisti
Via Bogino
Via Vasco
Teatro Gobetti
Via Riberi
Piazza Carlo Alberto
Circolo dei Lettori
Museo della Radio e della Televisione
Cinema Massimo
Via Buniva
Corso San Maurizio
Via Cortanze
Via Carlo Alberto
Via Principe Amedeo
Pinacoteca dell'Accademia Albertina di Belle Arti
Via Maria Vittoria
Via Des Ambrois
Piazza Carlo Emanuele II
Museo di Arti Decorative-Fondazione Accorsi-Ometto
Via Giulia di Barolo
Via Vanchiglia
Via Pescatore
Palazzo degli Affari
Via Santa Croce
Via Giovanni Giolitti
Via Costa
Via Francesco da Paola
Piazzale Valdo Fusi
Camera-Centro Italiano per la Fotografia
Via delle Rosine
Piazza Vittorio Veneto
Via Bava
Lungo Po Cadorna
Via Plana
Via della Rocca
Museo Regionale di Scienze Naturali
Via Cavour
Via Andrea Doria
Via San Francesco da Paola
Aiuola Balbo
Giardini Cavour
Piazza Maria Teresa
Via Bonafous
Ponte Vittorio Emanuele I
Via dell'Accademia Albertina
Via dei Mille
V. Rolando
Via San Massimo
Via Mazzini
Lungo Po Diaz
Murazzi del Po
Po
Via Fratelli Calandra
Corso Cairoli
Corso Moncalieri
Via Gaetano Giardino

EXPERIENCIAS

Dejarse llevar por el encanto de la Cavallerizza Reale

ANTIGUOS ESTABLOS

PLANO: 1 P. 70 **B2**

A través de dos entradas, en Via Verdi y Via Rossini, se accede a un enorme patio empedrado; aquí, entre edificios derruidos, escaleras misteriosas, ventanas de casas antiguas y un club hoy cerrado, están las puertas de las antiguas cuadras de los Saboya y un paso insospechado a los Giardini Reali. La historia de esta parte de la histórica Zona di Comando (Palazzo Reale, la actual Prefectura, el Archivo de Estado, la antigua Casa de la Moneda, todos protegidos por la Unesco), diseñada por Amedeo di Castellamonte y terminada por Benedetto Alfieri en 1742, es controvertida: ha acogido representaciones teatrales, ha sido objeto de abandono, proyectos especulativos, movilización ciudadana, ocupación y, por último, el proyecto de reurbanización diseñado por Cino Zucchi, que debería ver la luz en el 2026.

Descubrir los museos de los alrededores de Via Po

MUSEOS

A dos pasos de la Mole Antonelliana, el **Museo della Radio e della Televisione** (PLANO: 2 P. 70 **B3**), la muestra institucional del Centro de Producción de la RAI en Piamonte, se nutre de los archivos de la RAI y propone un magnífico viaje por la historia de la comunicación del s. xx. Alrededor de 1200 reliquias ayudan a comprender el paso de los telégrafos del s. xix al teléfono, de Marconi a las radios de la década de 1960, de las cámaras portátiles de la década de 1970 a las últimas maravillas tecnológicas. Los visitantes más jóvenes (y no solo ellos) se divertirán manejando las cámaras. No muy lejos, en dirección a Piazza Castello, se encuentra la **Pinacoteca dell'Accademia Albertina di Belle Arti** (PLANO: 3 P. 70 **B3**). Fundada en 1837 con fines educativos, se

EL CIRCOLO DEI LETTORI

Nacido hace unos 20 años como punto de encuentro para los amantes de la literatura, con cursos, lecturas, encuentros con autores, grupos de lectura, excursiones y viajes, se ha convertido en un lugar de paso casi obligado para artistas e intelectuales italianos e internacionales (escritores, pero también músicos, actores, periodistas, críticos, etc.), un semillero de ideas y espacio de debate a través de diversas formas de comunicación. El calendario, disponible en línea, es muy completo. La sede (PLANO: 4 P. 70 **A3**), en los espléndidos salones del suntuoso Palazzo Graneri della Roccia (p. 67), merece una visita, quizá con una sabrosa parada en el excelente bar **Barney's** o una comida en el histórico **Tampa,** taberna frecuentada por escritores, músicos y pintores.

convirtió en un museo en 1996, una combinación inusual de escuela y sala de exposiciones. Las 212 pinturas (de los ss. XV-XVIII) donadas en 1828 por monseñor Mossi di Morano ocupan las cinco primeras salas, seguidas por copias de obras maestras de grandes maestros (Guido Reni, Caravaggio, Rubens), reunidas para el estudio de los alumnos en la Sala de las Copias, la colección de obras de los estudiantes y maestros de la Academia de principios del s. XIX y los cartones de Gaudenzio Ferrari y su escuela.

Moverse con cautela entre objetos preciosos

MUSEO

PLANO: 5 P. 70 **C4**

La pasión de Pietro Accorsi, el "príncipe de los anticuarios", encontró un digno reflejo en la labor de Giulio Ometto, que en 1999 hizo realidad su sueño: el **Museo di Arti Decorative-Fondazione Accorsi-Ometto,** que en sus 27 salas alberga más de 3000 piezas, entre muebles, cristales, tapices, porcelanas y plata, distribuidas a lo largo del recorrido museístico en la cocina, el comedor, varias salas de estar y los dormitorios. Destaca el "mueble más bello del mundo" de Pietro Piffetti y la escultura flamenca en madera de la Virgen de las Nieves. Todo en el Palazzo Accorsi, del s. XVII; no hay que perderse el hermoso patio de paredes amarillas con la Mole al fondo, ni las exposiciones temporales.

Admirar imágenes de autor en el museo de la fotografía

MUSEO

PLANO: 6 P. 70 **B5**

En **Camera-Centro Italiano per la Fotografia** la fotografía italiana e internacional encuentra pleno reconocimiento. Excelentes exposiciones, archivos, encuentros, concursos, actividades para escuelas y una librería bien surtida. Todo en un espléndido espacio del complejo propiedad de la Opera Munifica Istruzione, sede de la primera escuela pública del Reino de Italia.

Convertirse en científico en el Museo Regionale di Scienze Naturali

MUSEO

PLANO: 7 P. 70 **A5**

Tras años de cierre por obras, en el 2024 la importante colección de

BORGO NUOVO

Si se va a comer, a pasear o de compras por la zona comprendida entre Corso Vittorio Emanuele II, Via Maria Vittoria, Corso Cairoli y Via Roma, hay que saber que los restaurantes, tiendas y calles pertenecen al Borgo Nuovo, la zona situada al sureste de las antiguas murallas de la ciudad que, a partir de 1814, tras el regreso del rey Víctor Manuel I de Saboya, se amplió hasta convertirse en el barrio noble de Turín, como lo demuestran los suntuosos palacios y las magníficas plazas arboladas. Desde la década de 1990, tras un periodo de decadencia, se ha convertido en una de las zonas más exclusivas de la ciudad.

este museo, fundado en 1978 en colaboración con la Universidad de Turín, reabrió al público en el edificio del s. XVII proyectado por Amedeo di Castellamonte que en su día albergó el hospital de San Giovanni Battista. Esqueletos y animales disecados o momificados, recorridos interactivos sobre Mendel, Darwin y el ADN, talleres didácticos, actividades escolares: la ciencia y la naturaleza revelan (casi) todos sus secretos en las cinco secciones dedicadas a la botánica, la entomología, la mineralogía, petrografía y geología, la paleontología y la zoología.

Emborracharse de cine de autor en el Cinema Massimo

CINE

PLANO: 8 P. 70 **C3**

Dos salas para estrenos en el centro de la ciudad. Esto basta para hacer del Massimo, a dos pasos del Mole, un lugar agradable para pasar el rato. Pero lo que lo hace único es el hecho de ser el cine del Museo Nazionale del Cinema (p. 68), y que la Sala Soldati ofrece lo mejor del cine de autor de todos los tiempos, a través de retrospectivas, eventos y festivales. El sueño de todo auténtico cinéfilo al alcance de todos.

Pasar una velada en los Murazzi

PASEO FLUVIAL

PLANO: 9 P. 70 **C6**

Durante unos 20 años, si se caminaba junto a la orilla occidental del Po, al pie de Piazza Vittorio Veneto, bajo el Ponte Vittorio Emanuele I, se entraba en un universo paralelo formado por clubes alternativos, un reino de música, danza y libertad. El paseo fluvial con hangares para barcos, también conocido como Murazzi, animó los días y las noches de Turín hasta el 2012, dando una impronta única a las noches de la ciudad y contribuyendo a su identidad. Después de años de silencio tras el cierre por irregularidades administrativas y sanitarias, los Murazzi han renacido (con menos baile y más aperitivos) gracias a nuevos locales como **Capodoglio** para beber, comer y bailar, y los restaurantes **EDIT Porto Urbano** y **Bomaki.** El único superviviente que ha resistido al paso de los años es el **Magazzino sul Po,** con festivales y eventos especiales. El pasado es pasado,

LA MUSICA ES DE CASA

El **Auditorium RAI Arturo Toscanini** (PLANO: 10 P. 70 **B2**) es la sede de la Orquesta Sinfónica Nacional de la RAI, que tiene aquí su temporada de actuaciones de octubre a mayo, y es también aquí donde Radio 3 graba y retransmite los grandes conciertos. La sala, que pasó por las prodigiosas manos de Mollino (p. 74) en 1952, era originalmente el Regio Ippodromo Vittorio Emanuele II y en 1856 albergó espectáculos ecuestres.

pero echar una mirada atrás es imprescindible.

Hacer una pausa en una plaza insólita PLAZA, LOCALES

La gran explanada de hormigón de **Piazzale Valdo Fusi** (PLANO: 11 P. 70 A4), construida a causa de un aparcamiento subterráneo, parece hundirse y converger en el centro, a un nivel inferior al de la calle, hacia la casa de cristal construida para los Juegos Olímpicos de Invierno del 2006. Esta rareza en pleno centro coexiste, del lado de Via Accademia Albertina, con la imponente fachada de ladrillos rojos del **Museo Regionale di Scienze Naturali** (p. 72) y, del lado de Via San Francesco da Paola, con el **Palazzo degli Affari** (PLANO: 12 P. 70 A4), diseñado por Mollino y con el imponente edificio de la antigua bolsa, que a veces alberga exposiciones. Es un placer tomar una cerveza en la estructura de cristal que alberga el **Open Baladin** (PLANO: 13 P. 70 A4), templo piamontés de la cerveza artesanal. A pocos pasos, en el fabuloso Palazzo Costa Carrù della Trinità, los **MagazziniOz** (PLANO: 14 P. 70 A4) combinan comida y compras: la cooperativa social del mismo nombre nacida para sostener la Casa Oz, que ayuda a niños enfermos y sus familias, tiene una tienda de comestibles, un restaurante, una terraza y espacios de alquiler para aperitivos y cenas en el hermoso patio. Lugares perfectos para refrescarse o disfrutar del aspecto inusual de la plaza, entre los patinadores que exhiben sus habilidades y el edificio de cristal (con un aspecto poco agraciado, hay que decirlo) que alberga la cálida música del **Jazz Club Torino** (p. 77). La belleza de los contrastes.

MOLLINO, LÚCIDO Y EXCÉNTRICO

Rico, amante de la fotografía, el esquí, los automóviles y los aviones, escritor y diseñador, el turinés Carlo Mollino (1905-1973) no dedicó toda su vida a la arquitectura, pero cuando lo hizo imaginó proyectos extraordinarios. Principalmente, el nuevo **Teatro Regio** (p. 56), con su proscenio en forma de "ostra semiabierta" (modificado posteriormente en la restauración de 1996) y la iluminación en cascada que parece caer sobre el público durante los conciertos. El **Auditorium RAI Arturo Toscanini,** en Via Rossini, proyectado en 1952 pero profundamente modificado por la restauración del 2006. El **Palazzo degli Affari,** que alberga las oficinas de la Cámara de Comercio, con su fachada vanguardista que da a Piazzale Valdo Fusi. El **Dancing Lutrario** (hoy Le Roi, en el barrio de Barriera di Milano, en la periferia norte), todavía activo, con su loco juego arquitectónico y su atmósfera salvaje y fascinante. Y, sobre todo, el **Museo Casa Mollino,** en Via Napione 2 (*www.carlomollino.org;* visitas con cita previa), donde este artista extraño y audaz nunca vivió, pero que enriqueció personalmente con sus inimitables destellos de talento como diseñador de interiores.

Lo mejor para...

€ Económico €€ Medio €€€ Alto

Localizaciones en el plano de la **p. 70**

Comer

Cocina ligur

A6 Sciamadda €
15 B4
Un pescado frito o *trofie* al pesto para disfrutar en el restaurante, una *focaccia* de Recco para comer por la calle o un pastel de carne para llevar a casa. En este pequeño rincón de Liguria se oye la *sciamadda* (llama del horno de leña de las antiguas freidurías) y el sonido del mar en el valle del Po. *cerrado lu*

Helados memorables

Mara dei Boschi €
16 A4
La Mara del nombre es la de los bosques, una variedad de fresa que constituye uno de los muchos sabores artesanales de este "laboratorio de helados" con una hermosa terraza en Piazza Carlo Emanuele II. También en los barrios de Crocetta y San Salvario. *www.maradeiboschi.it*

Detalles cuidados

Luogo Divino €€
17 B4
Divino porque es agradable, desde el aperitivo hasta los digestivos, pasando por la cena a base de platos muy cuidados y sabrosos; y porque aquí se habla del vino en serio. También vale la pena probar el Luogo Divino Social Wine Club, enfrente. *luogodivino.com; cerrado lu*

Albóndigas de Osaka

Takoyaki Minamoto €
18 A3
No es un japonés típico. Por la forma (minúscula, hay que reservar), pero sobre todo por la sustancia, es decir, la cortesía del personal y el menú: destacan los *takoyaki*, las típicas albóndigas de Osaka. Una inmersión en la comida callejera que no puede ser más local. *takoyakiminamototorino.it; cerrado do noche y lu*

Cocina piamontesa contemporánea

Fratelli Bruzzone €€
19 B4
Imprescindibles los *agnolotti* y los entrantes; local íntimo y acogedor, muy céntrico, a un paso de Via Po. *www.fratellibruzzone.com; cerrado do y lu-mi a mediodía*

Le Vitel Etonné €€
20 A3
Este tradicional restaurante piamontés pequeño, compacto y animado, tiene el toque 'metropolitano' perfecto. Hay que pedir un buen vino y probar la carne cruda, los *tajarin* (tallarines) y, por supuesto, el *vitel* (ternera), pero *tonné. leviteletonne.com; cerrado do noche y lu*

Como en casa

Ballatoio €€
21 A3
En pleno centro, íntimo y agradable, con un falso balcón encima del mostrador para evocar el espíritu de comunidad. Desde tartar de carne cruda, tallarines con ragú

de ternera *fassona* hasta cochinillo, aquí se puede comer bien sin gastar mucho en un ambiente relajado. *www.ballatoio bistrot.it; cerrado lu*

El mar en un río

Mare Nostrum €€€

22 D4

Uno de los mejores restaurantes de pescado y una de las mejores cocinas mediterráneas de la ciudad. Todo es perfecto, el servicio es rápido y el menú cambia continuamente. Cerca está el río Po, no la playa. *www.ristorantemarenos trum.it; cerrado do*

Bar de vinos elegante

Gaudenzio Vino e Cucina €€€

23 B2

Aquí se puede elegir entre el menú "a mano alzada" (para empezar, se recomiendan los *cicchetti,* la sopa de pescado o el wok de *pak choi*) o el de ocho platos. La carta de vinos es excelente. *gaudenziovinoe cucina.it; ma-ju solo cenas, cerrado mi*

Magazzino 52 €€€

24 C5

Los vinos, incluido el champán, son el as en la manga, pero la cocina hace un muy buen trabajo. Dos razones más que suficientes para pedir una bebida y disfrutar de los platos, que van desde el atún blanco con berenjenas hasta *linguine* con almejas. *magazzino52.it; cerrado sa a mediodía y do*

Entre Japón y Perú

Azotea €€€

25 D5

Cócteles y cocina *nikkei,* una fusión de cocina peruana y japonesa, son los puntos fuertes de un restaurante joven pero ya premiado, que se está abriendo paso en la escena turinesa gracias a sus elaborados cócteles y a los platos del chef Alexander Robles. *azotea torino.com; cerrado do*

Beber

Café histórico

Caffè Elena

26 C4

Un trozo de la historia de Turín, que cumplió 135 años en el 2024. La reina Elena de Saboya solía tomar café en este local que lleva su nombre, mientras los reyes se divertían en el lado opuesto de la plaza, en el Vittorio Veneto. Frecuentado durante décadas por celebridades, intelectuales (incluido Cesare Pavese) y simples mortales, posee quizás la terraza más famosa de la ciudad. *cerrado mi*

Vinos, cócteles, cocina

Paltò

27 C5

La combinación perfecta de refinamiento e informalidad, que refleja bien la atmósfera exclusiva y al mismo tiempo agradable de Piazza Maria Teresa, a la que da. También *brunch* los fines de semana. *paltotorino.it; cerrado ma, abierto a mediodía sa y do*

Fico

28 B4

Su mejor momento es la hora del aperitivo, con sabrosas tapas, excelentes cócteles y un ambiente agradable y juvenil. *cerrado do*

Carlina

29 B4

Sí, el edificio donde Gramsci vivió entre 1919 y 1921 es ahora el lujoso NH Collection Piazza Carlina. Hay que dejarse llevar y entrar en esta acogedora coctelería, tanto en los refinados salones interiores como en la Corte dei Limoni. El restaurante, de alto nivel, ofrece platos tradicionales o internacionales, incluidas obras de Carol Rama. *ristorantecarlina.it*

Música y copas

Blah Blah

30 B3

Comida y bebida todos los días, desde el almuerzo hasta la última copa. Y conciertos de todo tipo, sobre todo de *indie* y *rock* alternativo, sesiones de DJ, festivales de cine. *www.blahblah torino.com; cerrado lu*

Jazz Club Torino

31 A4

Esta sala de conciertos, también con mesas para comer, cócteles y una gran terraza, tiene mucho *swing. www.jazzclub torino.it; cerrado lu*

Comprar

Ropa y accesorios

La Belle Histoire

32 A5

Dan ganas de lucir todas las prendas de la Belle Histoire, los sombreros y bufandas en invierno, los trajes en verano, los zapatos y bolsos durante todo el año: un deleite para la vista y el armario con las últimas creaciones de las marcas más refinadas. *cerrado do y lu por la mañana*

Kristina Ti

33 A3

Firma turinesa conocida por la elegancia de sus líneas y tejidos, el refinamiento de sus detalles y sus destellos imaginativos, la refinada tienda de Via Maria Vittoria 18 y la clientela vip que ha confirmado su éxito. *kristinati.com; cerrado lu por la mañana*

Poncif

34 C4

Sin estridencias: líneas limpias, investigación cromática refinada y estilo vanguardista para una feminidad libre e informal. Desde hace 40 años, las prendas de la marca Poncif y de otros diseñadores que se venden aquí son ante todo reconocibles. *cerrado do y lu por la mañana*

Herbolario y cosmética natural

Melissa

35 C2

Más que una tienda, un salón acogedor con sofá, muebles de madera y tapices de estilo inglés. Y también hierbas, infusiones, té, dulces, tazas, teteras y vasos, productos para el cuerpo, el cabello y el rostro. Todo lo necesario para sentirse bien y más bellos. *melissatorino.com; cerrado do, lu y ma-vi por la mañana*

Libros

La Bussola

36 A2

Se puede ir con un objetivo específico, como encontrar un título difícil de conseguir, o a curiosear entre los interminables estantes. Casi siempre se sale con algo, siete días a la semana.

Chocolate

Toc

37 B6

Bombones, grageas, tabletas, así como cremas para untar, helados y gelatinas. En el taller artesanal elaboran chocolate y mil delicias más: es imposible salir de la pequeña tienda (también cafetería) sin un *toc* ("trozo"). *www.ciocco latoc.it; cerrado do y lu*

Sugerencias de lugares para comer, beber y comprar en **p. 95**

Explora
Porta Palazzo y el Quadrilatero

Esta es la zona más antigua de Turín, con las murallas y la red de calles del *castrum* romano y los ensanches de los ss. XVII y XVIII, edificios espléndidos, placitas que se abren de improviso, pequeñas iglesias ocultas. Al mismo tiempo, es uno de los barrios que antes se abrió al mundo actual, fomentando la convivencia entre culturas y clases sociales, de día y de noche. En suma, la faceta más auténtica de la ciudad para descubrir a pie, pasando de museos que son pequeños tesoros a las terrazas o los puestos del mercado turinés por excelencia.

Cómo desplazarse

A pie
Explorar el barrio caminando es la mejor manera de no perderse nada.

Autobús
Porta Palazzo, Piazza Statuto y sus alrededores están bien comunicados mediante transporte público (líneas 11, 19, 27, 51, 56, 57).

Metro
Hay que bajar en la parada de XVIII Dicembre, cerca de la estación de Porta Susa, y explorar el barrio a pie.

Tranvía
Los nº 3 y 16 pasan por Corso Regina Margherita y cruzan Piazza della Repubblica. El nº 4 para en la plaza y baja por Vía Milano, entrando en el Quadrilatero. El 10 llega a Piazza Statuto.

LO MEJOR

MERCADO TRADICIONAL
Mercato di Porta Palazzo y Balôn (p. 82)

CORAZÓN HISTÓRICO
Quadrilatero Romano (p. 84)

ARTE ORIENTAL
MAO (p. 90)

CAFÉ EMBLEMÁTICO
Al Bicerin (p. 96)

Piazza Palazzo di Città (p. 88).
FABRIZIO ARGONAUTA/DREAMSTIME.COM ©

CIRCUITO A PIE

'Liberty' turinés

Entre finales del s. XIX y los primeros 20 años del s. XX, gracias a Pietro Fenoglio y a la influencia parisina, belga, ecléctica y neogótica, Turín, afectada por la transformación en ciudad industrial, se convirtió en la capital italiana del *liberty* o modernismo a la italiana. Los mejores ejemplos se encuentran en Cit Turin (al oeste de Piazza Statuto) y en las estribaciones de Crimea, pero hay obras maestras por toda la ciudad.

INICIO	FINAL	DURACIÓN
Via Cibrario	Via Susa	2 km; 2/3 h

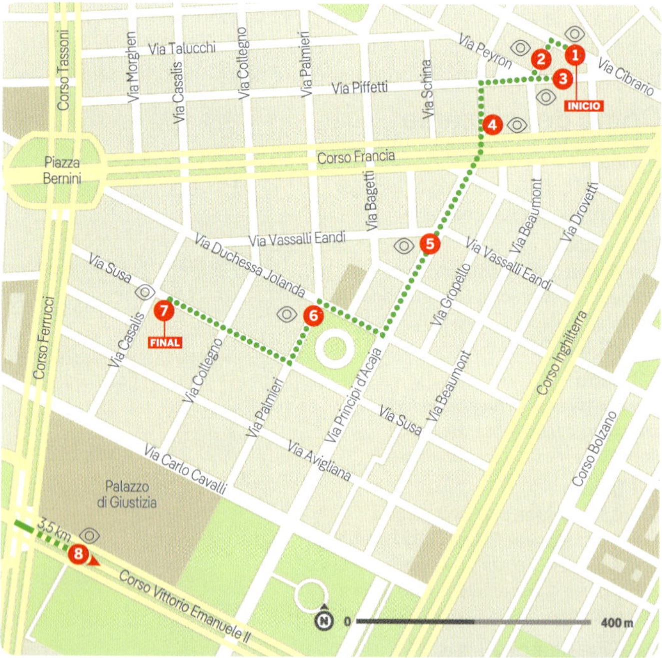

1 Via Cibrario

Los barrios de San Donato y Cit Turin surgieron tras la creación de la estación de trenes con destino Rivoli, Porta Susa, inaugurada en 1897. Los edificios son viviendas y negocios populares o villas para nobles y gente adinerada. La calle principal del barrio es Via Cibrario: en la esquina con Via Balbis y en el n.º 9, se reconocen las dos Case Padrini de Pietro Fenoglio (1905 y 1900) por sus típicos elementos decorativos vegetales, los ventanales y la ligereza cada vez mayor en la parte superior; en los nº 12 y 14, la Casa Pecco (1902), también de Fenoglio, tiene un estilo más clasicista; y en el n.º 15 la Casa Florio (1902), del ingeniero Velati Bellini, luce una decoración con ramajes ascendentes.

2 Via Beaumont

La Casa Rigat (1902), en el n.º 2, lleva la misma firma, con el tema decorativo de la lira en la base de las pilastras y en los balcones del 1er piso. En el n.º 7 se encuentran los colores suaves del Villino Ostorero (1900), decorado con elementos florales de líneas sinuosas, numerosas terrazas y ventanas con vistas al jardín.

3 Via Piffetti

Las tres villas de los nº 3, 5 y 5bis son del mismo periodo: una con el típico estilo floral *Liberty*, otra más clásica y con extrañas esfinges aladas en el balcón, y otra con un aspecto neorrenacentista.

4 Corso Francia

Los ejemplos más suntuosos se encuentran aquí: Villino Raby (1901), en el n.º 8, y la Casa Fenoglio-Lafleur (1902; en la esquina con Via Principi d'Acaja), emblema del *liberty* turinés y obra maestra de Fenoglio.

5 Via Principi d'Acaja

Apoteosis del estilo floral, la Casa I.N.A. (1906), diseñada por Fenoglio, es un derroche de ramas y frutos, con un hermoso ventanal de tres pisos.

6 Via Palmieri

Con vistas al Giardino Martini (más conocido como Piazza Benefica), el Palazzo del Faro, diseñado por Gottardo Gussoni para el empresario Carrera, posteriormente arruinado, presenta un ventanal coronado por una torre desde el que un faro "giratorio" iluminaba la ciudad.

7 Via Susa

El Complesso Ansaldi, formado por tres edificios del nº 31 al 35, fue diseñado por Gussoni para albergar viviendas y oficinas.

8 Borgo Crimea

El itinerario por el *liberty* turinés puede continuar más allá del Po, al pie de la colina, donde entre las casas de este barrio residencial hay algunos ejemplos luminosos de este estilo, como la Villa Scott, proyectada por Fenoglio en 1902 en Corso Giovanni Lanza 57, donde se filmaron algunas escenas de *Rojo oscuro*, de Dario Argento.

★ IMPRESCINDIBLE

Porta Palazzo y el Balôn

Una de las experiencias turinesas por excelencia es comprar en el mercado de Porta Palazzo, uno de los más grandes de Europa, entre puestos abigarrados, agricultores e inmigrantes que aportan colores y sabores lejanos. Curiosear entre los puestos de segunda mano y los anticuarios del Balôn y el Gran Balôn hace aún más memorable el recorrido por la ciudad, entre edificios antiguos y casas populares.

PLANO: P. 86 **H1**

CONSEJO
Vale la pena echar un vistazo al **Mercato Centrale** *(www.mercatocentrale.it)*, el centro gastronómico inaugurado en el 2019 en el antiguo Centro Palatino de Fuksas, en el lado norte de la plaza.

Porta Palazzo

De lunes a sábado, las furgonetas llegan al amanecer y en pocos minutos los cuatro tramos de la enorme **Piazza della Repubblica,** diseñada por Juvarra, se llenan de coloridos puestos dispuestos a recibir a los clientes. Tras la hora de cierre, una impresionante extensión de cajas y desechos invade el espacio, pero una vez pasados los barrenderos, todo desaparece para dar paso a la movida vespertina y, finalmente, al silencio de la noche hasta la mañana siguiente. Desde 1825, este ciclo urbano y evocador de la vida cotidiana de este gran mercado al aire libre se repite ininterrumpidamente, como punto de referencia esencial de la vida comercial y cultural de la ciudad. A primera vista parece inevitable perderse, pero en realidad las coordenadas son fijas y fáciles de aprender: en la exedra al sur de Corso Regina Margherita están las flores, las frutas y las verduras, el pescado y el queso; al norte, la **Tettoia dell'Orologio,** un pabellón *liberty* de 1916, acoge, además de queseros y carniceros, los famosos puestos de los agricultores, que venden sus productos de temporada. Las compras a primera hora de la mañana son las

PHOTOOIASSON/ISTOCKPHOTO.COM ©

mejores, pero las ofertas de última hora son excelentes si se busca ahorrar.

El Balôn y el Gran Balôn

Detrás de Porta Palazzo, continuando por Via Borgo Dora hacia el río, se accede al escenario de una de las experiencias a las que los turineses suelen dedicar sus sábados: perderse entre los innumerables puestos, algunos más sólidos, otros improvisados, del gran mercadillo del Balôn, que el segundo domingo de cada mes se viste de gala y crece hasta convertirse en el Gran Balôn. Hay de todo: rarezas, curiosidades, piezas valiosas, obras de arte, estampas muy raras y baratijas. Un paraíso para los amantes del género.

UNA PAUSA
En **Pescheria Gallina** (p. 95) o en **Combo** (p. 96). En el Balôn, se puede disfrutar de un plato piamontés en **Safarā,** un cono en la **Gelateria Popolare** o una comida en la histórica **Trattoria Valenza** (p. 133).

★ IMPRESCINDIBLE

Quadrilatero Romano

Esta red de calles ortogonales, repleta de casas, tiendas, bares y restaurantes, es el vestigio del campamento militar romano del siglo I a.C. sobre el que se fundó Julia Augusta Taurinorum. La estructura regular ha influido en el desarrollo urbano de la ciudad: cuando un turinés va a otra ciudad, es muy probable que se pierda. Un paseo por las antiguas puertas del *castrum* (queda una en pie) permite descubrir dónde empezó todo.

PLANO: P. 86 **F3**

CONSEJO
Al pasear por las calles del barrio, hay que ir al nº 20 de Via Barbaroux, donde una placa revela que aquí Silvio Pellico escribió *Mis prisiones,* publicada en 1832.

Historia y geografía

En el año 58 a.C., el procónsul Julio César trazó en una posición estratégica, al pie de los Alpes y en dirección a la Galia, las primeras fronteras del *castrum,* destinado a convertirse en la colonia Julia Taurinorum en el 44 a.C. Para determinar su perímetro, basta con trazar una línea imaginaria entre las cuatro puertas que permitían el acceso a través de las murallas: la **Porta Prætoria,** que estaba situada donde hoy se encuentra el Palazzo Madama (p. 49), que la ha absorbido; la **Porta Principalis Dextera** (también llamada Palatina o Doranea), la única que se conserva; la **Porta Principalis Sinistra,** que se encontraba en la esquina entre las actuales Via Santa Teresa y Via San Francesco d'Assisi; y la **Porta Decumana,** en la esquina entre Via Garibaldi y Via della Consolata. El *decumanus maximus,* la vía principal, correspondía a la actual Via Garibaldi y, a la altura de Via San Tommaso/Via Porta Palatina, se cruzaba con la otra arteria, el *cardus maximus.*

Ayer, hoy... y mañana

Densamente poblada a lo largo de los siglos y embellecida con espléndidos edificios, especialmente en los ss. XVII y XVIII, la zona sufrió una decadencia

ALESSANDRO CRISTIANO/SHUTTERSTOCK.COM ©

progresiva que la llevó a convertirse prácticamente en un lugar inaccesible. En la década de 1990 la especulación inmobiliaria y la ola renovadora general cambiaron la imagen del barrio, que a principios del nuevo milenio se convirtió en el centro de la vida nocturna, el lugar de moda para vivir o abrir un negocio (con todos los problemas y excesos que eso conlleva). Un destino compartido luego con otros barrios turineses, como San Salvario y, más recientemente, Vanchiglia y alrededores. Hoy las aguas se han calmado y el equilibrio ha vuelto. Algunas de las tiendas históricas más interesantes se encuentran en **Contrada dei Guardinfanti,** el nombre que en el s. XIX recibía la zona alrededor de Via Barbaroux. Las calles adoquinadas del Quadrilatero se exploran mejor a pie, porque en cada esquina hay un escaparate interesante, una pequeña iglesia para visitar o un bar.

UNA PAUSA
Un café en **Ranzini** (p. 95), un helado en **Vanilla** (p. 95) o una copa en **Pastis** (p. 96). Y otros mil locales y garitos atractivos: lo difícil es elegir.

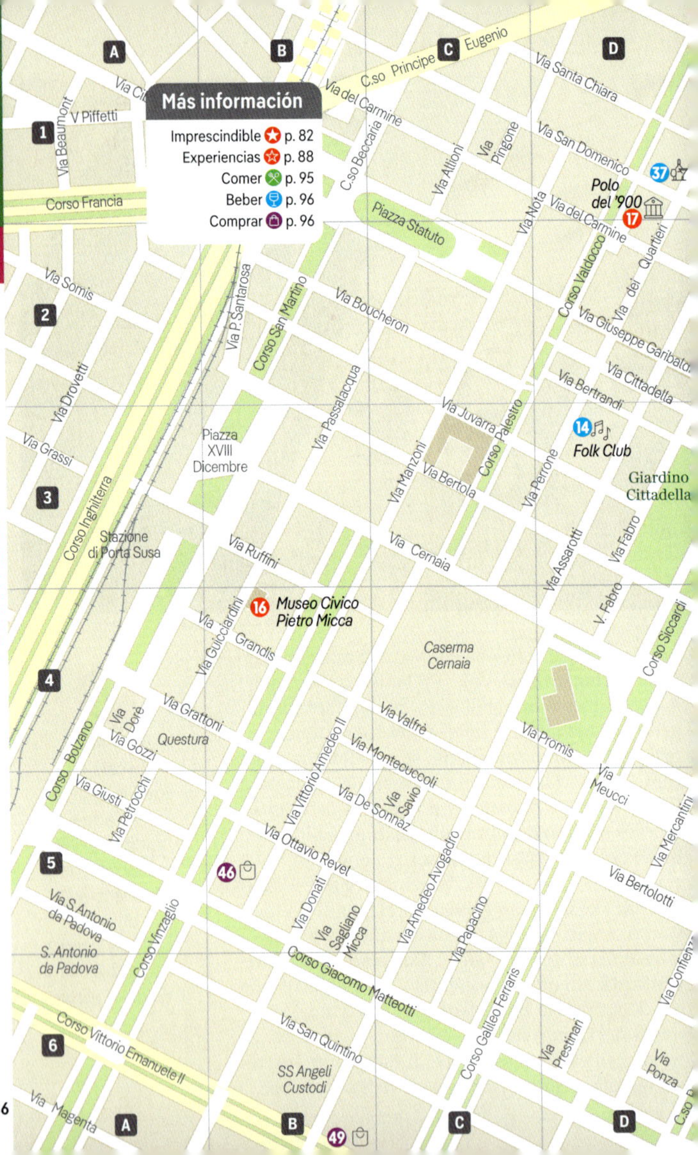
Más información
Imprescindible p. 82
Experiencias p. 88
Comer p. 95
Beber p. 96
Comprar p. 96
A
B
C
D
1
2
3
4
5
6
C.so Principe Eugenio
Via Santa Chiara
Via San Domenico
Via del Carmine
C.so Beccaria
Via Allioni
Via Pingone
Via Nota
Via dei Quartieri
Corso Valdocco
37
Polo del '900
17
V Piffetti
Via Beaumont
Corso Francia
Piazza Statuto
Via Somis
Via P. Santarosa
Corso San Martino
Via Boucheron
Via Giuseppe Garibaldi
Via Cittadella
Via Bertrandi
Via Drovetti
Via Passalacqua
Via Juvarra
Corso Palestro
14
Folk Club
Via Grassi
Piazza XVIII Dicembre
Via Manzoni
Via Bertola
Via Perrone
Giardino Cittadella
Corso Inghilterra
Stazione di Porta Susa
Via Ruffini
Via Cernaia
Via Assarotti
Via Fabro
16
Museo Civico Pietro Micca
Via Guicciardini
Via Grandis
V. Fabro
Corso Siccardi
Caserma Cernaia
Via Grattoni
Via Doré
Via Gozzi
Questura
Via Valfrè
Via Promis
Corso Bolzano
Via Giusti
Via Petrocchi
Via Vittorio Amedeo II
Via Montecuccoli
Via De Sonnaz
Via Savio
Via Meucci
Via Mercantini
Via Ottavio Revel
46
Via Bertolotti
Via S. Antonio da Padova
S. Antonio da Padova
Corso Vinzaglio
Via Donati
Via Sagliano Micca
Via Amedeo Avogadro
Via Papacino
Corso Giacomo Matteotti
Corso Galileo Ferraris
Via Prestinari
Via Confienza
Corso Vittorio Emanuele II
Via San Quintino
SS Angeli Custodi
Via Ponza
Via Magenta
49

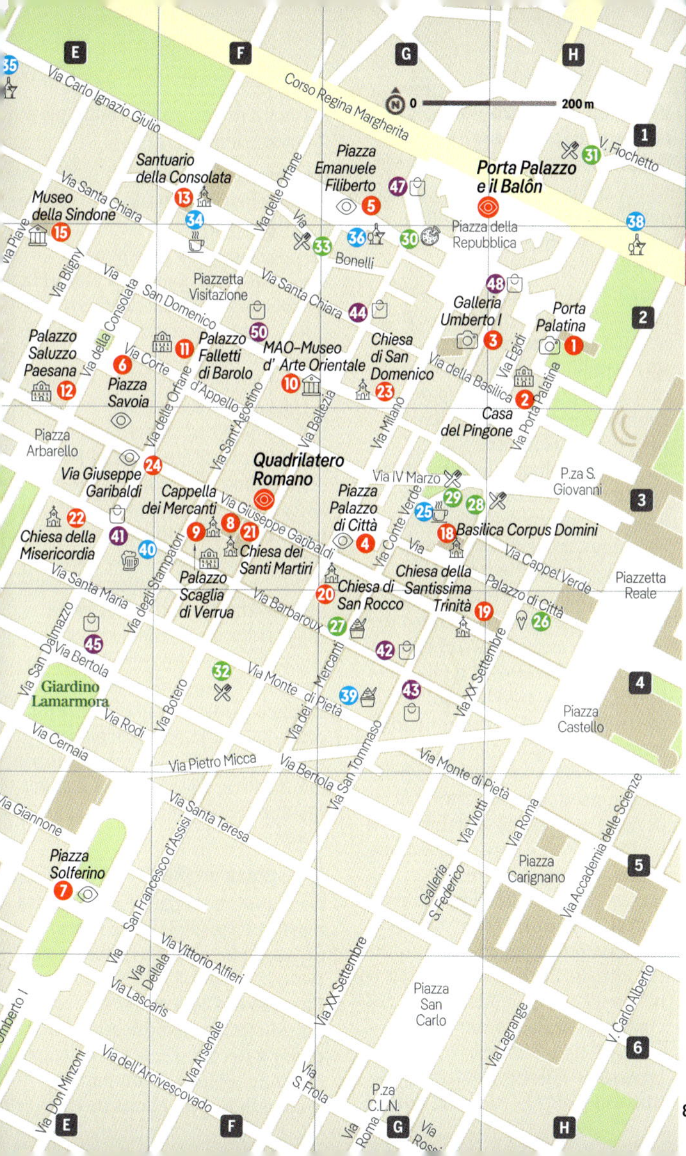
E
F
G
H
1
2
3
4
5
6
0
200 m
Corso Regina Margherita
Via Carlo Ignazio Giulio
V. Fiochetto
Porta Palazzo e il Balôn
Piazza della Repubblica
Piazza Emanuele Filiberto
Santuario della Consolata
Museo della Sindone
Via Santa Chiara
Via delle Orfane
Via Bonelli
Via Piave
Via Bligny
Via San Domenico
Piazzetta Visitazione
Via della Consolata
Galleria Umberto I
Porta Palatina
Palazzo Saluzzo Paesana
Via Corte d'Appello
Palazzo Falletti di Barolo
MAO-Museo d' Arte Orientale
Chiesa di San Domenico
Via della Basilica
Via Egidi
Via Porta Palatina
Piazza Savoia
Casa del Pingone
Via Sant'Agostino
Via Bellezia
Via Milano
Piazza Arbarello
Quadrilatero Romano
Via IV Marzo
P.za S. Giovanni
Via Giuseppe Garibaldi
Cappella dei Mercanti
Piazza Palazzo di Città
Via Conte Verde
Basilica Corpus Domini
Chiesa della Misericordia
Chiesa dei Santi Martiri
Via Cappel Verde
Chiesa della Santissima Trinità
Via Palazzo di Città
Piazzetta Reale
Via Santa Maria
Via degli Stampatori
Palazzo Scaglia di Verrua
Chiesa di San Rocco
Via Barbaroux
Via San Dalmazzo
Via Bertola
Via dei Mercanti
Via XX Settembre
Giardino Lamarmora
Via Monte di Pietà
Piazza Castello
Via Botero
Via Rodi
Via Cernaia
Via Pietro Micca
Via San Tommaso
Via Giannone
Via Santa Teresa
Via Viotti
Via Roma
Via Accademia delle Scienze
Piazza Carignano
Piazza Solferino
Via San Francesco d'Assisi
Galleria S. Federico
Via Vittorio Alfieri
Via Dellala
Via Lascaris
Piazza San Carlo
Via Lagrange
V. Carlo Alberto
Umberto I
Via Don Minzoni
Via dell'Arcivescovado
Via Arsenale
Via S. Frola
P.za C.L.N.
Via Roma
Via Rosi

EXPERIENCIAS

Viajar en el tiempo en torno a la Porta Palatina MONUMENTOS HISTÓRICOS

Ni los siglos, ni las inclemencias del tiempo y el abandono han podido con ella: una de las cuatro puertas originales del *castrum* romano del s. I a.C. sigue en pie, perfectamente conservada e imponente. La **Porta Palatina** (PLANO: 1 P. 86 H2) se ha ganado un espacio propio gracias al proyecto de recalificación de la zona diseñado por Aimaro Isola, que incluye el Parco Archeologico, con la antigua calzada romana flanqueada por árboles y columnas de ladrillo rojo, las ruinas del teatro romano y un césped. No muy lejos, un ejemplo arquitectónico que resalta la estratificación histórica típica de este barrio es la **Casa del Pingone** (PLANO: 2 P. 86 H2). Destaca en ella el hermoso color rojo brillante de la fachada, la logia de arcos de medio punto en el piso superior y las ventanas del s. XVI, cuyos rastros aún se pueden encontrar en el lado de Via Porta Palatina. También es una interesante superposición de estilos y épocas, desde el s. XV al s. XVIII, bien resumida por la presencia de la única torre medieval conservada en la ciudad, aunque camuflada. Las salas interiores, con bellos techos de madera decorados y paredes pintadas con grutescos, de *cà 'd monsù Pingön* (es decir, Emanuele Filiberto Pingone, historiador de la corte del duque Manuel Filiberto) se alquilan para eventos y fiestas.

Descubrir un 'passage' turinés insospechado GALERÍA

PLANO: 3 P. 86 H2

Menos elegante y más popular que otras de la ciudad, la **Galleria Umberto I** tiene el encanto de un punto medio: conecta las estrechas calles alrededor del pintoresco espacio de Largo IV Marzo y sus extraordinarios edificios con el ajetreo de Porta Palazzo y las idas y venidas multiétnicas de Piazza della Repubblica, conservando ambas atmósferas en los bares, las tiendas y, sobre todo, en la estructura, que todavía corresponde a la de los pasillos del Antico Ospedale Mauriziano, ubicado aquí hasta 1884, antes de la transformación de la galería en un espacio comercial obra del ingeniero Rivetti. Destaca la farmacia, situada aquí desde 1575, y la peculiar plaza romboidal de Via Milano, diseñada por Juvarra, a la que da la Basilica Mauriziana, construida entre 1679 y 1699.

Ir de plaza en plaza PLAZAS

De planta rectangular y simétrica, marcada por el elegante trazado de los soportales proyectados por Benedetto Alfieri en 1756, **Piazza Palazzo di Città** (PLANO: 4 P. 86 G3) ha sido desde siempre sede del poder y del comercio y constituye la primera etapa de un posible recorrido por las plazas de esta parte del centro. En época romana aquí se encontraba el foro y desde 1472 está el Ayuntamiento, que da a Via Milano y posee un maravilloso patio de honor. Hasta el s. XVIII fue Piazza delle Erbe y albergó el mercado; actualmente, una vez al mes, acoge puestos de productores agrícolas. Su delicada sobriedad solo se ve interrumpida por la **estatua del Conde Verde** que inmortaliza a Amadeo VI de Saboya matando a un infiel durante las cruzadas, y por el **Tappeto Volante,** la instalación luminosa de Daniel Buren que forma parte de la serie Luci d'Artista que ilumina diversos lugares de la ciudad en invierno. Al norte, hacia Porta Palazzo, se llega a **Piazza Emanuele Filiberto** (PLANO: 5 P. 86 G1). Las agradables terrazas bajo los árboles, los espléndidos edificios y el antiguo núcleo subterráneo de las neveras públicas contribuyen a crear un encanto mundano en el corazón de la historia y en el cruce de las calles más bonitas del barrio. No muy lejos, un poco al suroeste, **Piazza Savoia** (PLANO: 6 P. 86 E2) debe su nombre a la región que hoy pertenece a Francia, no a la casa reinante. Cuatro tramos arbolados, algunas terrazas, el magnífico perfil del Palazzo Saluzzo Paesana y del Palazzo Martini di Cigala de Juvarra y, sobre todo, el **obelisco** central, construido en 1853 para celebrar las leyes Siccardi, que abolieron el foro eclesiástico. Caminando por Via Corte d'Appello hacia Piazza Castello vale la pena detenerse en la espaciosa y elegante **Piazza Solferino** (PLANO: 7 P. 86 E5), con hermosos edificios del s. XIX, el Teatro Alfieri y una gran zona arbolada puntuada por la estatua del patriota del Risorgimento La Farina, la de Fernando de Saboya a caballo y la **Fontana Angelica,** una representación de las cuatro estaciones cuyas figuras parecen esconder símbolos esotéricos.

Caminar entre palacios nobles y museos

ITINERARIO

Como todo el centro de Turín, esta parte de la ciudad alberga palacios nobles de diversas épocas, pero

¿CON O SIN HIELO?

Turín esconde un secreto bajo Piazza Emanuele Filiberto (p. 89): las antiguas neveras públicas, accesibles desde el aparcamiento subterráneo. Cuando no existían los congeladores, entre los ss. XVIII y XX, en estos grandes conos excavados en el suelo y revestidos de ladrillos se acumulaba el hielo utilizado para conservar los alimentos. En toda la zona, llamada *contrada delle ghiaccioie,* había una auténtica red: bajo el Mercato Centrale, en Piazza della Repubblica, puede verse otra nevera, que era utilizada por los mercaderes de Porta Palazzo (p. 82).

UN OASIS EN EL CAOS
La **Cappella dei Banchieri, Negozianti e Mercanti** ofrece un oasis de silencio en la concurrida Via Garibaldi. Data de 1692 y fue decorada con frescos sobre el tema de la Epifanía por varios artistas, entre ellos Sebastiano Taricco, Andrea Pozzo, Legnanino y Guglielmo Caccia, y está ricamente decorada con espléndidos muebles (bancos, órgano, coro y altar).
PLANO: 8 P. 86 **F3**

con un encanto eterno. Uno de los más antiguos e interesantes es el **Palazzo Scaglia di Verrua** (PLANO: 9 P. 86 **F3**), en Via Stampatori 4, construido entre 1585 y 1604, en aquel entonces una de las muchas casas de este tipo, pero la única que sobrevive intacta. Hay que admirar la fachada espléndidamente decorada con frescos y, si la puerta está abierta, entrar en el patio con una logia cuadrada y admirar los delicados frescos y los nichos falsos decorados.

Muy cerca, en el espléndido marco del Palazzo Mazzonis, se cuenta la historia y la cultura milenarias de los pueblos de Oriente: la exposición del **MAO-Museo d'Arte Orientale** (PLANO: 10 P. 86 **F2**), diseñado por Andrea Bruno, el arquitecto del Museo d'Arte Contemporanea di Rivoli (p. 164), incluye más de 2200 obras divididas en cinco áreas temáticas (Asia meridional, China, Japón, la región del Himalaya y los países islámicos), que van desde la iconografía budista a la hindú, desde los biombos del período Edo a los antiguos manuscritos del Corán. Destacan los jardines japoneses en la planta baja y las exposiciones temporales.

Otro edificio imprescindible, el **Palazzo Falletti di Barolo** (PLANO: 11 P. 86 **F2**), recuerda la historia arquitectónica de la ciudad desde el s. XVI y las glorias y tragedias en las vidas de sus ilustres habitantes. La primera renovación del s. XVII se debe al arquitecto Baroncelli, alumno de Guarini, y la segunda, a mediados del s. XVIII, a Benedetto Alfieri. La fachada de Via Corte d'Appello es del s. XX, pero aún conserva las huellas en ladrillo gris de lo que fue la ampliación del palacio hasta 1706. A la izquierda de la puerta hay querubines sonrientes y a la derecha, otros llorando: fueron añadidos por Alfieri a instancias de Ottavio Falletti di Barolo, el afligido hijo de Elena Matilde Provana, que en 1701 se suicidó arrojándose por una ventana al terminar su matrimonio con el amado marqués Falletti di Barolo. A menudo se celebran eventos en el salón de baile, lo que permite admirar su esplendor y el del increíble atrio diseñado para acomodar los carruajes y la serie de patios escénicos. El edificio también alberga el **MUSLI,** el Museo della Scuola e del Libro per l'Infanzia, un curioso museo dedicado al mundo de la escuela entre los ss. XIX y XX, también dependiente de la fundación Opera Barolo. En Via della Consolata 1 está el imponente **Palazzo Saluzzo Paesana** (PLANO: 12 P. 86 **E2**). La entrada no da a una calle principal y la fachada es sobria (una ley de principios del s. XVII prohibía que los nuevos edificios tuvieran una fachada más ostentosa que la del Palazzo Reale). Sin embargo, una vez cruzada la entrada, el esplendor del patio y los interiores deja claro el deseo de aparentar de Baldassare Saluzzo Paesana, que ordenó construir entre 1715 y 1722, con proyecto del arquitecto Gian Giacomo Plantera, la residencia nobiliaria más grande y compleja de la ciudad. Actualmente alberga un espacio para eventos y exposiciones de arte contemporáneo y aún está habitado.

Conocer los rostros de la religiosidad piamontesa en la Consolata

PLAZA

PLANO: 13 P. 86 **F1**

La fe oficial y la popular, la arquitectura religiosa y la civil se encuentran en el **Santuario della Consolata,** un peculiar templo construido en el solar de la antigua iglesia de San Andrea, de la que solo queda el campanario, del s. XI y 40 m de altura, único vestigio de un monumento románico en Turín. La planta hexagonal del santuario fue levantada entre 1678 y 1704 por Guarino Guarini sobre una capilla románica rectangular; su intervención hoy solo se ve en la cúpula y en la pintoresca **Cappella delle Grazie,** semisubterránea. A lo largo de los años también contribuyeron Filippo Juvarra, que diseñó el altar, y Carlo Ceppi, a quien se le encargaron algunas capillas. El lado "popular" del culto a la Consolata es curioso: es impresionante la colección de exvotos dedicados a la Virgen Consoladora. En la fachada principal, la inscripción *Augustae Taurinorum Consolatrix Patrona* revela el origen del nombre de la iglesia. A la derecha de la entrada principal, que conduce al **Aula di Sant'Andrea** de Guarini, se encuentra la capilla con los restos del beato Cafasso (1811-1860), el santo turinés que acompañaba a los condenados a muerte al cercano Rondò della Forca. Detrás del santuario, en el cruce entre Via della Consolata y Via Carlo Ignazio Giulio, se aprecian los restos de una torre angular romana. La estrecha

FOLK CLUB

Un club subterráneo muy pequeño, pero con una gran propuesta musical, italiana y global: folk, *blues,* músicas del mundo, *rock* y pop. Disfruta de un ambiente íntimo y distendido, y en él se respira una contagiosa pasión desde hace casi 40 años.

PLANO: 14 P. 86 **D3**

placita de enfrente es un pequeño paraíso peatonal, que atrae por la belleza de los edificios que la rodean. En la plaza adyacente a Via della Consolata se halla la columna erigida en 1835 para agradecer el fin de una devastadora epidemia de cólera. Se puede contemplar desde la agradable terraza del famoso **Al Bicerin** (p. 96).

Profundizar en el enigma en el Museo della Sindone MUSEO

PLANO: 15 P. 86 **E2**

En este espacio museístico no está el Santo Sudario, que se conserva en la Cappella della Sacra Sindone del Duomo, sino fotos, vídeos, documentos e información sobre la historia y los misterios vinculados a la famosa mortaja. El edificio fue fundado en 1937 por la Confraternita del Santissimo Sudario para difundir su culto.

Rendir homenaje a Pietro Micca en el museo dedicado a su figura MUSEO

PLANO: 16 P. 86 **B4**

Las salas del museo cuentan la historia del asedio de Turín en 1706 por las tropas francesas y la tenaz resistencia de los soldados utilizando minas colocadas en el impresionante sistema de túneles subterráneos de 14 km de longitud de la ciudad. Cuando el guía conduce al laberinto de túneles de 14 m de profundidad, el mundo de arriba desaparece. Aquí el joven Pietro Micca, un albañil fiel al duque Víctor Amadeo II de Saboya, perdió la vida deteniendo al enemigo y se convirtió en un héroe. El museo está nada más salir del foso de la antigua **Cittadella,** un recinto fortificado del que aún se conservan el **Mastio** (hoy renovado y sede de exposiciones), el pozo y alrededor de 500 m de túneles.

EL POLO DEL NOVECENTO

En el bloque Juvarra de los antiguos Quartieri Militari, formado por los edificios San Celso y San Daniele, se encuentra el **Polo del '900** (PLANO: 17 P. 86 **D1**; *www.polodel900.it*), con un museo, exposiciones temporales, una biblioteca, un espacio para eventos, un patio, aulas, salas de congresos y de proyecciones y, sobre todo, un inmenso archivo de monografías, audiovisuales y fotografías. La ciudad de Turín ha dedicado a la historia y a la cultura del siglo pasado una pequeña ciudad dentro de la ciudad, que alberga el patrimonio de 19 instituciones culturales (entre ellas, el Instituto Gramsci, el Instituto Salvemini y la Asociación Nacional de Partisanos) en 8000 m² de espacios accesibles a todos. En el Palazzo San Celso también se encuentra el interesante Museo Diffuso della Resistenza *(www.museodiffusotorino.it)*.

Recorrer las iglesias... IGLESIAS

Son muchas, a menudo camufladas entre los edificios, pero testimonio de la riqueza del barrio, así que conviene aguzar la vista. Empezando por Piazza del Corpus Domini, pero no sin antes buscar la curiosa instalación con forma de *piercing* llamada Baci Urbani en la esquina de un edificio. Dominando la plaza se encuentra la **Basilica del Corpus Domini** (PLANO: 18 P. 86 **G3**), construida para conmemorar un milagro que, según la leyenda, ocurrió el día del Corpus Christi de 1453. Fue diseñada en 1607 por Ascanio Vittozzi. La decoración interior en mármol rojo y negro fue añadida por Benedetto Alfieri un siglo y medio después. Caminando por Via Garibaldi, se llega primero a la esquina con Via XX Settembre. Aquí se encuentra la **Chiesa della Santissima Trinità** (PLANO: 19 P. 86 **G4**), también de Vittozzi, que concibió la estructura circular en 1598 y que está enterrado en ella. El revestimiento de mármol de la sala y del altar es obra de Juvarra. La **Chiesa di San Rocco** (PLANO: 20 P. 86 **G4**), en Via San Francesco d'Assisi 1, fue construida en 1667 en honor al protector contra las plagas después de las epidemias de peste que azotaron Turín en 1598 y 1630. También en Via Garibaldi, en el número 25, se halla la **Chiesa dei Santi Martiri** (PLANO: 21 P. 86 **F3**), construida en 1577 y rica en oro, mármol y estucos. Juvarra firmó el altar mayor, la sacristía y la pila de agua bendita. Una de las iglesias donde todavía se celebra la misa en latín es la **Chiesa della Misericordia,** en Via Barbaroux 41 (PLANO: 22 P. 86 **E3**); barroca, de 1751, fue adquirida por la Archicofradía de la Misericordia, que tenía la tarea de asistir a los condenados a muerte. El recorrido termina en la **Chiesa di San Domenico** (PLANO: 23 P. 86 **G2**), en Via San Domenico, punto culminante de la animada Via Milano. Es la única iglesia medieval que se conserva y, junto con el Santuario della Consolata, es uno de los lugares de culto más antiguos de la ciudad. Fue reconstruida en 1776, pero aún conserva fragmentos de frescos del s. XIV; la fachada fue restaurada a principios del s. XX.

VIA GARIBALDI

Antiguamente llamada Contrada di Dora Grossa, cuenta con 963 m de tiendas, cafés y mucha gente, sobre todo los sábados y domingos. En la segunda calle peatonal más larga de Europa, entre Piazza Castello y Piazza Statuto, se puede comprar a precios muy asequibles y nunca se está solo.

PLANO: 24 P. 86 **E3**

... y los bares VIDA NOCTURNA

Aquí se viene por la historia, el arte, las compras, pero también, y sobre todo, para beber y comer. El

Quadrilatero Romano y sus alrededores tienen una altísima densidad de belleza y estímulos que permite sumergirse en el alma de la ciudad. Se puede empezar por **Largo IV Marzo** (PLANO: 25 P. 86 **G3**) que, como otras plazas de Turín refrescadas por árboles y animadas por las terrazas, está también realzada por la belleza de los edificios, los espacios acogedores y las huellas del pasado, entre arcos medievales y fachadas del s. XVII. Se puede pedir algo fresco en una de las *piole* (cafés) de la plaza, en el **Cianci Piola Caffè** (p. 95) o en el cercano **Ranzini** (p. 95), y luego sentarse en una terraza. El recorrido desde aquí hasta **Piazza Emanuele Filiberto** (p. 89), otro epicentro de los placeres mundanos y arquitectónicos, está salpicado de bares y locales; algunos son populares lugares de encuentro, como el **Bar Pietro** (p. 96) o **La Cricca** (p. 96), con su agradable patio, muy apreciado en verano. También se puede ir a la plaza, sentarse en las mesas bajo los árboles de **Pastis** (p. 96) o en el cercano **Tre Galli** (p. 95) y olvidarse del reloj.

Porta Palatina (p. 88).

Lo mejor para...

€ Económico €€ Medio €€€ Alto

Localizaciones en el plano de la **p. 86**

Comer

Helados

Vanilla €
26 H4
Pequeña heladería artesanal con muchos alicientes: ingredientes naturales, materias primas seleccionadas y excelentes granizados sicilianos. *www.vanillacreams.it; cerrado lu*

Dulces y café

Cabaret €
27 G4
Pequeña y alegre pastelería donde disfrutar de deliciosos pasteles, tomar un café o probar alguna de las especialidades (el *macaron sabaudo* o el *maritozzo*, por ejemplo). Todo firmado por el muy dulce pastelero Entoni.

Cocina piamontesa

Ranzini €
28 G3
Quesos, embutidos, entrantes, bocadillos, vino y café: aquí todo tiene un sabor diferente, el de la *piola* piamontesa. La pequeña sala con botellas y cuadros en las paredes y el patio en verano están llenos de mesas y gente charlando. Un pedazo imprescindible de la ciudad. *cerrado do*

Cianci Piola Caffè €
29 G3
Pocos platos, pero correctos y baratos, y una terraza en Largo IV Marzo que siempre está llena, incluso en invierno, cuando se reduce a la zona acristalada. Todo regado con vino de la casa. *www.ciancipiola.it; también almuerzos sa y do*

'Pizza'

Berberè €
30 G2
Tres ubicaciones en la ciudad para una pizzería de gran nivel: *pizzas* artesanales con ingredientes de calidad, muchas mesas en el local de Via Bellezia y clientes que las abarrotan. Recomendables también los *sfizi*, especialmente los fritos. *www.berberepizza.it*

Pescado fresco

Pescheria Gallina €€
31 H1
Al igual que en la Boquería de Barcelona, en Porta Palazzo también se puede comprar, vender y, sobre todo, comer. En este excelente restaurante-puesto, el pescado fresco también se puede disfrutar cocinado, incluso para llevar o en bocadillo. También en San Salvario (sin el mostrador de pescado, claro). *www.pescheriagallina.com; cerrado lu noche*

Vinos y cocina local

Consorzio €€
32 F4
Para comer y beber bien por poco hay que ir aquí: médula de buey con bacalao, *risotto alla Bergese*, lengua en escabeche con salsa de ciruelas rojas y excelentes platos tradicionales piamonteses con un toque moderno. *ristorantecon sorzio.it; cerrado do y lu*

Tre Galli €€
33 G2
Ofrece una hermosa terraza y un cálido interior

vintage. Los platos están elaborados con productos locales y el propietario es el mismo que el de Le Tre Galline, a tiro de piedra. Ha sobrevivido a las modas y los vinos son muchos y excelentes. *3galli.com; cerrado do*

Beber

Cafés históricos

Al Bicerin

34 F1

Una pequeña joya que refleja el ambiente antiguo e íntimo de la plaza en la que se ubica. Inaugurado en 1763 por el pastelero Giuseppe Dentis, todavía hoy invita a detenerse en sus mesas redondas de mármol, entre maderas, espejos y frascos de dulces, o en su bonita terraza de verano, saboreando una auténtica delicia turinesa: el delicioso *bicerin* (café, chocolate y crema). *bicerin.it*

'Circolo Arci'

La Cricca

35 E1

En verano se puede comer, beber, ver un partido y jugar al pimpón en el gran patio arbolado. En invierno, jugar al futbolín. Ambiente cálido e informal todo el año. Se entra con la tarjeta ARCI. *también almuerzos sa y do*

Bistró

Pastis

36 G2

Un local muy querido, decorado al estilo de la década de 1950 en el interior y con una terraza que es una institución, donde comer, beber y seguir la animación de la plaza. *www.pastistorino.com; lu abierto solo de noche*

Mucho más que un bar

Bar Pietro

37 D1

Ajeno a cualquier etiqueta, se define como una "*piola* sardo-veneciana" y destaca por una atmósfera atemporal, una clientela habitual de todas las edades y precios razonables. *Spritz,* vinos piamonteses y aperitivos sardos, además de exposiciones, conciertos y eventos varios hasta las 22.00. *cerrado do y lu*

Combo

38 H1

Hostal de diseño, espacio de *coworking* y eventos, restaurante y también el lugar ideal para tomar una copa entre lo antiguo y lo nuevo de Porta Palazzo. *thisiscombo.com*

Pastelerías

Venier

39 G4

Deliciosos pasteles tradicionales piamonteses, turrón y tarta Sacher, o cruasanes, para mojar en un excelente *marocchino* o en un delicioso chocolate caliente con nata. *cerrado lu*

Bebidas y juegos

200 Lire

40 E3

Abierto desde la tarde hasta la noche, este local acogedor ofrece juegos de mesa y máquinas recreativas con videojuegos de la década de 1980 a los 2000. Un sueño para los amantes del *retro-gaming,* mimados por la amabilidad de Alessandro y el hermoso color azul de la sala. *cerrado lu*

Comprar

Ropa y accesorios

Born in Berlin

41 E3

La diseñadora Judith es de Berlín, pero con el paso de los años sus vestidos asimétricos y sus bolsos de cuero hechos a mano se han convertido en parte integral de cierto estilo turinés. En una antigua tienda de pianos con mucha madera, muebles restaurados y un taller abierto. *www.borninberlin.com*

Les Coquettes

42 G4

Es como estar en un apartamento parisino de la década de 1920, donde curiosear entre cajones llenos de joyas de jóvenes diseñadores, jugar a ser una *coquette* y probar un vestido o un sombrero, un collar o un par de delicados pendientes, entre antigüedades, sombrereras y lámparas. *www.lescoquettes.it*

Fresh

43 G4

Streetwear, pero con estilo: ropa, accesorios y calzado de hombre, a la moda e impecablemente elegante. *www.freshstoretorino.com*

Serien°umerica

44 G2

Ropa y accesorios (bolsos y mochilas) minimalistas, principalmente en punto y piel, que juegan con asimetrías y proporciones inusuales, surgidas en Turín de las mentes creativas de las diseñadoras Maria De Ambrogio y Stella Tosco. *www.serienumerica.it*

Artesanía artística

Paola Bellinzoni

45 E4

Recibe en su inusual taller con cita previa, pero conocerla a ella y a sus creaciones, piezas únicas nacidas del reciclado de joyas, accesorios y antigüedades, es una experiencia a medio camino entre la artesanía, el diseño refinado y el arte puro. *www.paolabellinzoni.it*

Chocolate

Candifrutto

46 B5

El taller está en Via Avogadro, pero en la tienda hay chocolates, *marrons glacés* y muchas otras delicias. Entre las especialidades destacan las *tartine,* finas obleas de chocolate negro con especias o fruta confitada. *www.candifrutto.com; cerrado do y lu por la mañana*

Ultramarinos

Ditta Ceni

47 G1

Alimentos naturales, harinas, arroces y cereales exclusivos, y especias, frutos secos, infusiones, lentejas, galletas, como en una tienda de alimentación de antaño. Esta gran tienda histórica de Porta Palazzo es un mercado dentro del mercado. *cerrado sa tarde, do y lu*

Vinos y alimentos

Damarco

48 H2

Es fácil perderse en el pequeño laberinto de esta tienda, entre estanterías, productos y etiquetas con precios escritos con precisión maniática desde 1959. Más aún cuando se descubre la variedad de vinos y licores, incluso si el mercado reclama la atención fuera. *www.damarco.it; cerrado mi y sa tarde, do*

Café, pastelería

Gerla 1927

49 B6

Chocolatería y pastelería histórica que elabora deliciosos chocolates, tartas, cremas y pasteles desde 1927. Con cafetería y restaurante, para hacer una pausa a cualquier hora. *www.gerla1927.com*

'Vintage' y accesorios

La Terra delle Donne

50 F2

Chiara Bertello colecciona accesorios, muebles y piezas únicas en su tienda. Pero lo que la hace única es la colección de ropa, zapatos y accesorios desde el s. XVIII hasta la década de 1970. *tardes solo previa cita; cerrado do*

Sugerencias de lugares para comer, beber y comprar en **p. 108**

Explora
San Salvario

A tiro de piedra del centro, los museos y las residencias nobles, y agraciado con la vegetación del Parco del Valentino, es la quintaesencia del barrio histórico, popular y nocturno, profundamente alterado por la gentrificación, pero que mantiene vivas sus características esenciales. Es un lugar para recorrer con calma, de día o de noche, comprar en el mercado de Piazza Madama, comer en uno de sus numerosos restaurantes y beber en alguno de sus animados bares. Se puede remar en kayak por el río Po o asistir a una obra de teatro alternativa, con la energía que siempre ha caracterizado todo lo que sucede en estas calles.

Cómo desplazarse

A pie
El barrio acoge la estación ferroviaria de Porta Nuova. El perímetro está formado por Corso Vittorio Emanuele II, Via Nizza, Corso Marconi y Corso Massimo d'Azeglio; Via Madama Cristina lo corta en dos.

Autobús
El nº 61 lleva al comienzo de Via Nizza; los nº 67 y el nº 8, a Via Madama Cristina; el nº 42, a Corso Dante; los nº 52, 61, 67 y 68, a Corso Vittorio Emanuele II; los nº 45 y 67, a Corso Massimo d'Azeglio.

Metro
Hay que apearse en las estaciones de Porta Nuova, Marconi, Nizza o Dante.

Tranvía
Son útiles las líneas nº 4, 10, 15 y 16.

Borgo Medievale, Parco del Valentino (p. 102).

★

LO MEJOR

PULMÓN VERDE
Parco del Valentino (p. 102)

CURIOSIDADES CIENTÍFICAS
Museo Lombroso, Museo della Frutta y Museo di Anatomia Umana (p. 106)

VIDA DE BARRIO
Restaurantes y bares (p. 108)

VIVIR EL BARRIO

Un paseo por San Salvario

Este es un barrio relativamente compacto, no demasiado rico en atractivos, pero lleno de vida. Ya sea un bar para reponer fuerzas, un paseo por el parque o una compra en el mercado, estas son algunas opciones para disfrutar de un concentrado perfecto de vida turinesa.

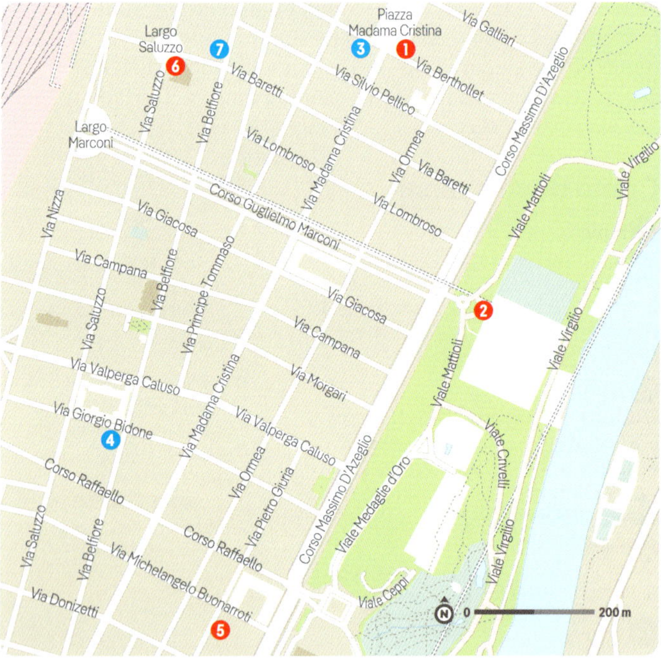

1 El corazón del barrio

El corazón palpitante, la síntesis: el descubrimiento del barrio comienza en **Piazza Madama Cristina.** Bajo las marquesinas se pueden hacer algunas compras en su histórico mercado (que se ilumina de color y creatividad una vez al mes con ocasión del Emporium, p. 110), reponer fuerzas con un café en Orso (p. 110) y dejarse llevar.

2 Inmersión vegetal

La verdadera riqueza del barrio es el **Parco del Valentino** (p. 102), grande, verde y regenerador. A pie o en bicicleta se puede llegar al Castello, el Borgo Medievale y la espléndida Fontana dei Dodici Mesi, o visitar una exposición en la Promotrice delle Belle Arti y luego relajarse en el césped y observar a los remeros en el río.

3 El lugar donde empezó todo

Si hay algo fácil en San Salvario, es encontrar un lugar donde comer. Para rendir homenaje al espíritu multicultural que siempre ha animado el barrio, una opción es un kebab de **Horas,** uno de los primeros lugares de este tipo en la zona.

4 Aroma de Francia

Si se prefiere algo más elaborado, se puede viajar a Bretaña en la crepería **Adonis** (p. 108), con exquisitas y originales crepes bien rellenas.

5 Tres museos (¡y qué museos!)

Se pueden visitar los tres (están muy cerca uno del otro) o, si el tiempo escasea, elegir uno y hacer la promesa de regresar para ver los otros dos. El Museo della Frutta (p. 106), el Museo di Antropologia Criminale (p. 106) y el Museo di Anatomia Umana (p. 106) son pequeñas joyas.

6 Largo Saluzzo

Es uno de los centros neurálgicos de la vida del barrio, una plaza de estructura inusual, dominada por espléndidos edificios, algunos con floridas terrazas. **Largo Saluzzo** es también una cena en Scannabue (p. 108), con toda su solidez saboyana, o un espectáculo en el Cineteatro Baretti (p. 107), alternativo, animado y popular.

7 El cóctel perfecto

Siguiendo **Via Baretti** se llega a la zona con mayor concentración de discotecas, donde tomar desde el aperitivo a la última copa. En la esquina con **Via Belfiore** destaca el refinamiento de Affini (p. 110), la calidez de D.One (p. 110) y el ambiente relajado de La Cuite (p. 110), pero lo mejor de la hora punta es la posibilidad de explorar y elegir.

★ IMPRESCINDIBLE

Parco del Valentino

El pulmón verde de la ciudad acoge a todos: familias, estudiantes, parejas, turistas... que caminan de un puente a otro, pasean en bicicleta junto al río, visitan el Castello y el Borgo Medievale, y se relajan en el césped. Los 550 000 m² de vegetación, diseñados por el arquitecto paisajista Barillet-Deschamps, hacen de este parque real (que se hizo público entre 1854 y 1864, y se amplió hasta el Ponte Isabella en 1871), el lugar perfecto para pasar un rato agradable.

PLANO: P. 104 **E5**

CONSEJO
Conviene ir hasta la **Fontana dei Dodici Mesi,** erigida en estilo *liberty* por Carlo Ceppi en 1898. También hay que fijarse en los cobertizos a orillas del río: son las sedes de los clubes de remo.

Escanea este código QR para más información sobre la visita al Orto Botanico.

Castello del Valentino

Se trata de una de las residencias de los Saboya, declarada Patrimonio Mundial por la Unesco y hoy sede de la Facultad de Arquitectura de la Universidad Politécnica de Turín. Fue la villa fluvial del s. XVI de Manuel Filiberto y posteriormente una de las residencias de Cristina de Francia, la dama real que en el s. XVII encargó su ampliación al estilo francés (nótese el tejado con dos plantas abuhardilladas) a los arquitectos Castellamonte, quizás para ocultar allí a sus amantes. Fue modificada, ampliada y finalmente reurbanizada en el s. XIX.

Orto Botanico

Creado en 1729 con fines educativos como el Regio Orto Botanico, renovado y abierto al público en 1995, es una institución del Departamento de Biología y consta de una arboleda, un bosque alpino, un jardín, un invernadero tropical, otro de suculentas y otro de plantas sudafricanas. Dispone de pavimento táctil para personas con discapacidad visual.

Borgo y Rocca Medievale

Medieval, pero no real: el pueblo y la fortaleza son fieles reconstrucciones realizadas en 1884 por Alfredo d'Andrade para la Exposición General

SODEL VLADYSLAV/SHUTTERSTOCK ©

Italiana siguiendo el modelo de los castillos del valle de Aosta. Estaba cerrado por obras en el momento de redactar esta guía.

Parques, espacios expositivos y vida nocturna

Las dimensiones del parque han permitido construir estructuras que han alternado épocas doradas con periodos de decadencia. La **Palazzina della Società Promotrice delle Belle Arti** suele albergar exposiciones interesantes; en el momento de redactar esta guía se estaba llevando a cabo la reforma del amplio espacio de **Torino Esposizioni,** diseñado por Ettore Sottsass en 1938 y ampliado por Pier Luigi Nervi en la década de 1950, destinado a albergar la nueva Biblioteca Civica Centrale, el renovado Teatro Nuovo y el nuevo campus de Arquitectura de la Politécnica. La remodelación integral del parque también está prevista para finales del 2025.

UNA PAUSA

No hay nada mejor que un pícnic en el césped, pero para tomar algo rápido lo mejor es **Imbarchino** (p. 109) o **Al Pero** *(imbarcoalpero.com),* o un kebab en el corazón del barrio (en **Horas,** por ejemplo, p. 101).

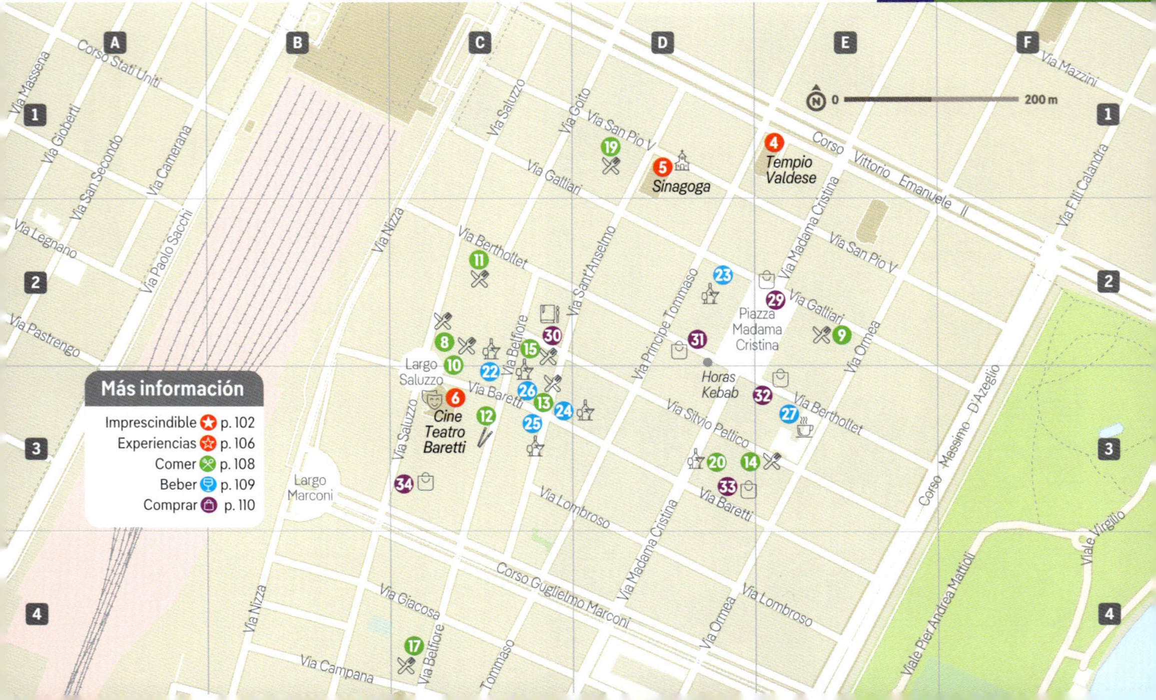
Más información
Imprescindible p. 102
Experiencias p. 106
Comer p. 108
Beber p. 109
Comprar p. 110
0 200 m
4 Tempio Valdese
5 Sinagoga
6 Cine Teatro Baretti
Piazza Madama Cristina
Horas Kebab
Largo Saluzzo
Largo Marconi
Corso Vittorio Emanuele II
Corso Massimo D'Azeglio
Corso Guglielmo Marconi
Corso Stati Uniti
Viale Pier Andrea Mattioli
Viale Virgilio
Via Mazzini
Via F.lli Calandra
Via San Pio V
Via Galliari
Via Berthollet
Via Madama Cristina
Via Ormea
Via Principe Tommaso
Via Sant'Anselmo
Via Goito
Via Saluzzo
Via Nizza
Via Belfiore
Via Baretti
Via Silvio Pellico
Via Lombroso
Via Giacosa
Via Campana
Tommaso
Via Massena
Via Gioberti
Via San Secondo
Via Camerana
Via Paolo Sacchi
Via Legnano
Via Pastrengo

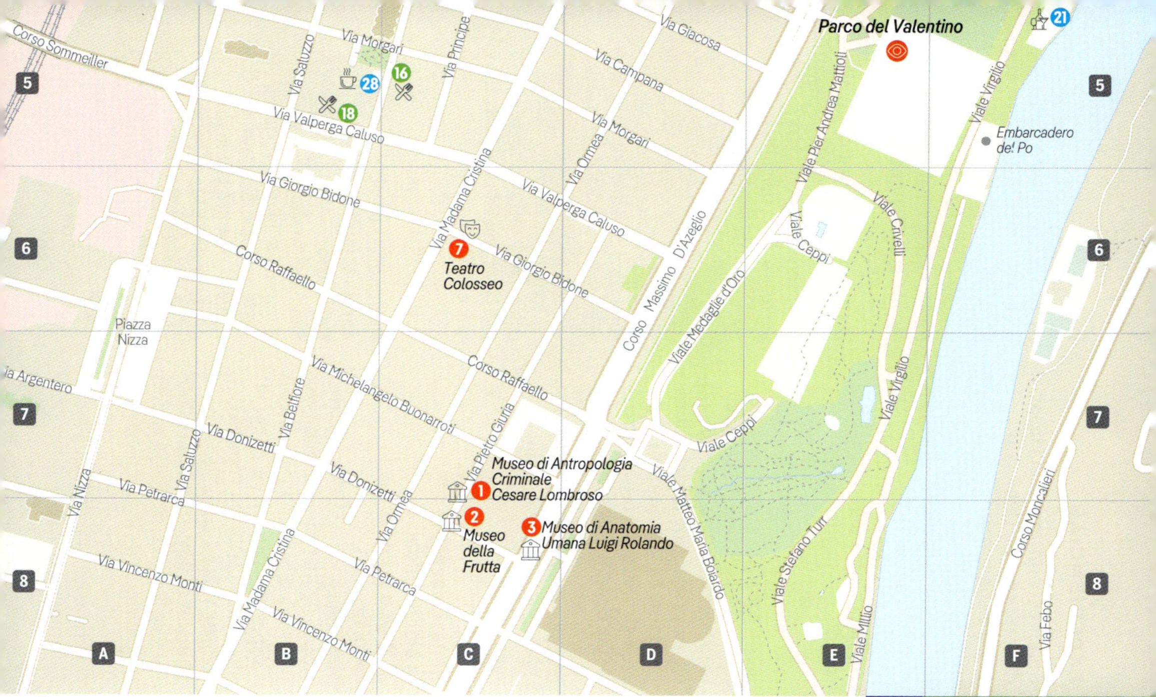
Parco del Valentino
21
Embarcadero del Po
Viale Virgilio
Viale Pier Andrea Mattioli
Viale Crivelli
Viale Ceppi
Viale Medaglie d'Oro
Viale Stefano Turr
Viale Millio
Viale Matteo Maria Boiardo
Corso Moncalieri
Via Febo
Corso Massimo D'Azeglio
Corso Sommeiller
Via Saluzzo
Via Morgari
Via Principe
Via Giacosa
Via Campana
Via Valperga Caluso
Via Giorgio Bidone
Via Ormea
Via Madama Cristina
Corso Raffaello
Via Michelangelo Buonarroti
Via Pietro Giuria
Via Belfiore
Via Donizetti
Via Petrarca
Via Vincenzo Monti
Via Nizza
Piazza Nizza
Via Argentero
16
18
28
7 Teatro Colosseo
1 Museo di Antropologia Criminale Cesare Lombroso
2 Museo della Frutta
3 Museo di Anatomia Umana Luigi Rolando
A
B
C
D
E
F
5
6
7
8

EXPERIENCIAS

Sentir escalofríos en el Museo di Antropologia Criminale Cesare Lombroso MUSEO

PLANO: 1 P. 104 C7

En un solo edificio, tres museos ofrecen un viaje único a la ciencia del s. XIX. Primero, el dedicado al erudito Cesare Lombroso, quien, en 1870, con una fe ciega en el método científico y con la pretensión de comprender y controlar los misterios de la mente humana, desarrolló la "teoría del criminal nato", que vinculaba la predisposición al crimen con características genéticas. La visita incluye la reconstrucción del estudio privado del científico, principio y fin de un viaje a veces escalofriante, compuesto por fotografías, documentos, elementos anatómicos, instrumentos y material que no dejará indiferente a nadie.

Reflexionar sobre la biodiversidad en el Museo della Frutta MUSEO

PLANO: 2 P. 104 C8

Más relajante es la visita a la colección de 1021 frutas de plástico, impecablemente dispuestas en sus vitrinas originales, creadas por el imaginativo artesano Francesco Garnier Valletti, quien soñó con un Museo Pomológico (nunca realizado) y se llevó a la tumba el secreto de la fórmula de la pomología artificial. En las salas introductorias se explica la historia de la botánica y la agronomía en Turín desde principios del s. XVIII hasta mediados del s. XX. La pasión convertida en obsesión.

Asistir a una lección de anatomía en el Museo Luigi Rolando MUSEO

PLANO: 3 P. 104 C8

No se pueden hacer fotos, porque, además de curiosidad, hay que tener sensibilidad y respeto por los restos de lo que una vez estuvo vivo. La disposición, en perfecto estilo decimonónico, sin luces artificiales ni cartelas, permite observar sin filtros innecesarios las grandes vitrinas repletas de cráneos, fetos, cerebros disecados (con una sección dedicada a los de criminales), dientes, globos oculares y animales en formol. En la gran sala con columnas y techos abovedados, todo está igual desde 1898, año en que el Museo di Anatomia Umana di Torino se trasladó a este Palazzo degli Studi Anatomici.

Profundizar en el carácter multirreligioso del barrio LUGARES DE CULTO

San Salvario siempre ha sido multiétnico. La libertad religiosa proclamada por el Estatuto Albertino de 1848 permitió la construcción del **Tempio Valdese** (PLANO: 4 P. 104 E1), diseñado en 1851 con una curiosa mezcla de estilos gótico y renacentista, un edificio clave en Turín para la comunidad protestante valdense, cuyo epicentro es Torre Pellice. Cerca se puede admirar la

sinagoga (PLANO: 5 P. 104 D1), de estilo neomorisco, con torres, cúpulas y sillares vistos. Fue construida en 1884 después de que la comunidad judía rechazara el tamaño exagerado y los costos insostenibles de la Mole, encargada a Antonelli para celebrar la libertad religiosa. La imponente estructura sobrevivió a los bombardeos de 1942, que solo destruyeron elementos internos, posteriormente reparados.

Pasar una velada en el teatro

TEATROS

San Salvario también tiene cosas que ofrecer a los amantes del cine, la música y el teatro. Tras un aperitivo y una cena en uno de sus numerosos bares y restaurantes, se puede optar por una función alternativa en el más audaz, y sin duda inquebrantable, **CineTeatro Baretti** (PLANO: 6 P. 104 C3), un teatro de barrio que vale la pena visitar por su programación (festivales y ciclos de cine, espectáculos fuera de lo común) y por su ambiente multicultural y popular. También se puede conseguir una entrada para una función en el **Teatro Colosseo** (PLANO: 7 P. 104 C6), cuya inmensa sala es una de las pocas que pueden albergar, en una zona semicéntrica, conciertos de estrellas italianas e internacionales y a las multitudes que acuden a espectáculos de estrellas famosas o musicales legendarios.

BORGO DI SAN SALVARIO

A finales del s. XVII, Turín aún estaba amurallada y San Salvario formaba parte de la llanura aluvial del Po, cuyo elemento más significativo era la Strada Reale di Nizza (actual Via Nizza). En el s. XIX se derribaron los bastiones y la compacta ciudad del Antiguo Régimen quedó definida por un perímetro de avenidas arboladas que difuminaban los límites entre la ciudad y el campo. En 1846 se puso en marcha el plan urbanístico, cuya versión final se elaboró en 1852, y a partir de ese momento, la zona se urbanizó densamente. San Salvario se llenó de casas, iglesias, comercios, instituciones científicas y culturales, benéficas y representativas, y se construyó la estación de Torino Porta Nuova (1860), que favoreció el desarrollo de la zona como barrio de clase media y baja, y en 1885 las cuatro manzanas de la Città della Scienza Universitaria. Se podría decir que la integración con el resto de la ciudad se completó a finales de siglo. A principios del s. XX, San Salvario estaba en pleno desarrollo: la acaudalada burguesía industrial residía en los edificios de Corso Massimo d'Azeglio, mientras que el interior del barrio se caracterizaba por sus centros de vida y cultura obreras. La coexistencia de los templos valdenses, católicos y judíos siempre ha sido característica, a los que se han añadido en los últimos años apartamentos utilizados como mezquitas.

SUGERENCIAS

Lo mejor para...

€ Económico €€ Medio €€€ Alto

Localizaciones en el plano de la **p. 104**

Comer

Creperías

Adonis €
8 C2
Un rincón de Francia en San Salvario: además de las crepes tradicionales, hay que probar las de harina de trigo sarraceno, experimentando con los rellenos y acompañándolas con sidra. Los platos de bistró también son excelentes y creativos. *www.adoniscreperie.com; cerrado do cena y lu*

Cocina piamontesa

Coco's €
9 E2
Una antigua *piola* llena de recuerdos que satisface a los amantes de la comida de la abuela y a los de los sitios de moda. Buena comida, ambiente relajado y la autenticidad de un local histórico que, a la vez, está a la vanguardia. *cerrado do y lu*

Scannabue €€
10 C2
El local más sólido de Largo Saluzzo, con suelos de madera oscura y la certeza de degustar platos de carne piamontesa de excelente calidad, ingredientes fresquísimos y recetas impecables. *www.scannabue.it*

Cocina griega

Greek Food Lab €
11 C2
En el crisol del barrio, entre Europa, África y Asia, no podía faltar un toque mediterráneo. Una deliciosa pita de pollo, seguida de *saganaki* (feta frito), *dolmades* (rollitos de hoja de parra rellenos de arroz), *souvlaki* (brochetas) y excelente yogur: todos los platos típicos de la cocina griega se pueden pedir para llevar o disfrutar en este local agradable y luminoso.

Comida callejera china

Oh, Crispa! €
12 C3
Dim sum, bao, dumplings, sopas y otras delicias chinas que levantan exclamaciones en dialecto piamontés (de ahí su nombre). Ambiente animado y mucho sabor. *cerrado lu almuerzo*

No solo 'pizza'

Bottega Baretti €
13 C3
En el cálido interior de ladrillo en invierno o en la animada terraza en verano, las imaginativas *pizzas* y sus sabrosos platos son una excelente opción para saciar el apetito y apostar por lo seguro: materias primas seleccionadas y originalidad sin complicaciones. Las carnes también son excelentes, especialmente las tres hamburguesas de *fassona* y el pollo local. *bottegabaretti.com; solo cena*

Tetería con cocina

Teapot €
14 D3
Un nido acogedor donde, entre mesas, sofás, cojines, chimenea, cocina y terraza, se puede desayunar un té con magdalenas o una

excelente infusión, hacer una sabrosa pausa para el almuerzo o disfrutar de un abundante *brunch* el sábado.

Una 'piola' joven

Lo Sbarco €

15 C2

Al estar en el centro de la vida nocturna de San Salvario, la concurrida terraza y el interior con arcos y ladrillos vistos son ideales para socializar; la comida casera es buena y económica. Después de cenar, se puede continuar la velada con unas copas y una charla. También ofrecen aperitivos.

'Trattorie' y tabernas

Caffè dell'Orologio €

16 C5

Taberna moderna, acogedora y cuidada donde almorzar con platos piamonteses perfectamente preparados o acompañar una excelente copa de vino natural con un aperitivo por la noche. *caffedellorologio.net; cerrado do cena*

Barbagusto €€

17 C4

Buena combinación de materias primas frescas para crear platos de cocina tradicional nacional y piamontesa, a la que se suman algunas propuestas del Lacio y la Toscana. Se pueden pedir medias raciones. El primer domingo de mes ofrece un menú por 20 €. *cerrado do almuerzo (excepto el primero del mes), lu y ma*

Le Putrelle €€

18 B5

Taberna alejada de las calles más concurridas, más auténtica y popular, también en la ubicación, y adorada por los clientes habituales. El Piamonte reina: entrantes de Langa, *agnolotti* con mantequilla y avellanas, pimientos con *bagna caôda,* para acompañar con un buen vino nebbiolo. Frecuentes incursiones de la carta en la Apulia. Posibilidad de medias raciones. *cerrado sa almuerzo y do*

Ristorante Alba €€

19 D1

Un restaurante centenario, regentado por la misma familia desde 1978. La ubicación es sencilla, pero la cocina (italiana, piamontesa y de los Abruzos) y el buen hacer destacan, entre *arrosticini, grissinopoli* y pasta a la *chitarra.* El cartel con fotos de celebridades del cine y el teatro da fe. *cerrado ma*

Rossorubino €€

20 D3

Desde las ventanas se aprecian las salas repletas de botellas, como una elegante bodega para sumilleres. Y casi lo es, con una cantidad abrumadora de vinos piamonteses y champán. Los platos, siempre bien maridados y con materias primas y sabores cuidadosamente seleccionados, hacen olvidar cualquier preocupación. A la hora del aperitivo hay que probar las *schiciole* (un plato tradicional cocinado al horno con la masa del *agnolotto*) o las tapas. *rossorubino.net; cerrado do*

Beber

A orillas del río

Imbarchino del Valentino

21 F5

Una inmersión en la vegetación del parque que casi roza las aguas del Po en este histórico embarcadero, abierto todo el día. Construido sobre pequeñas terrazas con escaleras, árboles, bancos y mesas de madera con vistas, se puede tomar un café o una cerveza, comer algo y charlar. La oferta se completa con conciertos, sesiones de DJ y proyecciones de películas. Especialmente recomendado en verano. *www.imbarchino.space*

Coctelerías

Affini

22 C3

Un bar refinado, pero sin pretensiones, uno de los mejores lugares para tomar un aperitivo a base de tapas (veganas, vegetarianas, de carne y de pescado). Los cócteles, preparados por manos expertas y creativas, y la pared tras la barra, luminosa y repleta de botellas, son un deleite para la vista y el paladar. *affinitorino.it*

Gørilla

23 D2

Un local amplio y animado, una terraza muy concurrida, una buena oferta a la hora del aperitivo y una cocina que prepara deliciosos platos para la cena, pero sobre todo excelentes cócteles para sobrevivir en la jungla del ocio de San Salvario. *www.gorillabar.it*

D.One

24 C3

Ambiente acogedor y cócteles exquisitos para un descanso entre semana en un sofá de terciopelo azul en una sala suavemente iluminada, o durante el bullicio del fin de semana.

Lanificio San Salvatore

25 C3

Ideal para aperitivos, cenas, copas o un *brunch* dominical. Las ovejas del logotipo y el mostrador recuerdan la fábrica de lana que antiguamente ocupaba el local. *www.lanificiosansalvatore.it*

Vinos

La Cuite

26 C3

Aquí las tapas son pequeñas y muy ricas, pero lo que mantiene a los clientes de este diminuto local pegados a los taburetes son los buenos vinos y el ambiente: en cuanto entran, se sienten como en su casa. *cerrado lu*

Cafés

Orso Laboratorio del Caffè

27 E3

Los dispensadores de mezclas tras la barra están conectados a un gran mapa del mundo dibujado en la pared: el café proviene de Nicaragua, Nepal, Honduras y Etiopía (los orígenes y variedades varían); se puede consumir en la barra o en las mesas. *www.orsolaboratoriocaffe.it*

Centro cultural

Casa del Quartiere

28 B5

Los habitantes de San Salvario (y no solo) han encontrado un hogar en estos antiguos baños municipales, un gran espacio multicultural en su propuesta y ambiente, con un bar abierto todo el día, actividades y cursos, ciclos de cine y eventos. La joya de la corona es la guardería, un amplio patio donde se atiende a los niños en verano. *www.casadelquartiere.it*

Comprar

Mercado

San Salvario Emporium

29 E2

Bajo las marquesinas de la Piazza Madama Cristina, donde todos los días (lu-sa) se venden frutas y verduras, cada primer domingo del mes tiene lugar este mercado para los amantes de lo artesanal que celebra la creatividad emergente y acoge a 100 expositores, entre puestos, talleres, música y animación.

Libros

Trebisonda

30 C2

Cursos, exposiciones, talleres y encuentros con autores, que suelen culminar con una copa de vino y una charla: la literatura sale de los libros para crear oportunidades para el debate. Cuenta con una zona dedicada a los niños, donde pueden hojear y leer los libros. Suele haber presentaciones por las tardes. *cerrado lu y do*

Moda 'vintage'

Elenab.

31 D2

Ropa *vintage* nueva y usada, accesorios, sombreros, zapatos, ropa original y de diseño, así como una amplia selección de ropa militar, la gran pasión de la exuberante Elena. Un divertido viaje a través del tiempo y los estilos. *cerrado do y lu*

Pan y 'focacce'

Ficini

32 E3

Focacce rellenas, *schiacciata* toscana, pan casero y de espelta, *pizza*, postres regionales: todo salido del horno-taller de Ficini. La levadura es natural y el pan de cereales sin levadura encantará a los veganos. *cerrado do*

Moda contemporánea

Feelomena

33 D3

Filomena es una diseñadora que crea prendas a medida en este *showroom* audaz y refinado como sus colecciones. Los colores son intensos (negro, azul, gris); los cortes, decididos; las formas, rigurosas y audaces. También son recomendables los accesorios. *cerrado do-ma; también con cita previa*

Zapatos y bolsos artesanales

La Marchigiana

34 C3

Los zapatos de esta empresa familiar están hechos a mano por Gabriele y Filomena en Ascoli Piceno, con materiales naturales y en edición limitada. También venden bolsos Souvenir d'Italie, hechos por su hija Daniela, residente en Turín, quien recibe en la tienda. *cerrado do y lu*

Sugerencias de lugares para comer, beber y comprar en **p. 118**

Explora

Lingotto y Nizza Millefonti

Lingotto, un centro industrial que marcó el destino y la identidad de la Turín del s. xx y hoy nodo multifuncional, fue pionero en la vocación vanguardista arraigada en el espíritu de la ciudad. Arte, cultura, deporte, comercio, negocios... Son muchos los ámbitos en los que el barrio y sus puntos de referencia han alcanzado el éxito. A su alrededor, Nizza Millefonti, antaño una zona rica y hoy frontera popular y comercial, donde el área metropolitana se desvanece en su avance hacia el sur.

Cómo desplazarse

Autobús

Desde el centro, las líneas útiles para llegar al Lingotto son las n° 8, 34 y 35 (aunque el metro es mucho más cómodo y rápido).

Metro

Al Lingotto llega la línea M1, que pasa por las principales estaciones de tren y llega a Piazza Bengasi, en el extremo sur de la ciudad, muy práctica también para las ferias y grandes eventos que tienen lugar en esta zona de la ciudad en varios momentos del año.

La rampa helicoidal del Lingotto (p. 115).
MASSIMO1G/SHUTTERSTOCK.COM ©

★ **LO MEJOR**

PASIÓN POR EL MOTOR
MAUTO (p. 115)

TEMPLO GASTRONÓMICO
Eataly (p. 119)

DISEÑO INDUSTRIAL
Lingotto (p. 115)

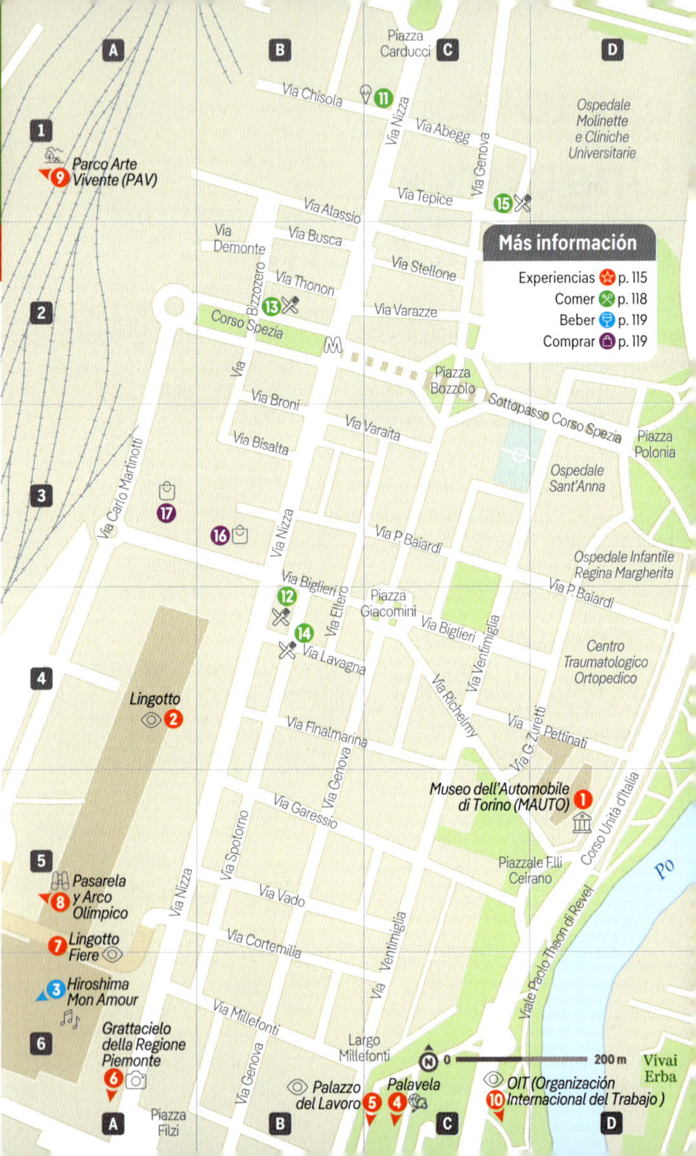
A
B
C
D
1
2
3
4
5
6
Más información
Experiencias p. 115
Comer p. 118
Beber p. 119
Comprar p. 119
Piazza Carducci
Via Chisola
11
Via Nizza
Via Abegg
Via Genova
Ospedale Molinette e Cliniche Universitarie
9 Parco Arte Vivente (PAV)
Via Tepice
15
Via Alassio
Via Busca
Via Demonte
Via Stellone
Via Thonon
Via Bizzozero
13
Corso Spezia
Via Varazze
Piazza Bozzolo
Sottopasso Corso Spezia
Piazza Polonia
Via Broni
Via Bisalta
Via Varaita
Ospedale Sant'Anna
Via Carlo Martinotti
17
16
Via P. Baiardi
Ospedale Infantile Regina Margherita
Via Biglieri
12
Via Ellero
Piazza Giacomini
14
Via Lavagna
Via Ventimiglia
Via Richelmy
Centro Traumatologico Ortopedico
Lingotto
2
Via Finalmarina
Via G. Zuretti
Via Pettinati
Museo dell'Automobile di Torino (MAUTO)
1
Via Garessio
Corso Unità d'Italia
Via Spotorno
Piazzale F.lli Ceirano
Po
Pasarela y Arco Olímpico
8
Via Vado
Via Cortemilia
Viale Paolo Thaon di Revel
7 Lingotto Fiere
3 Hiroshima Mon Amour
Via Millefonti
Grattacielo della Regione Piemonte
6
Largo Millefonti
0
200 m
Vivai Erba
Palazzo del Lavoro
5
Palavela
4
OIT (Organización Internacional del Trabajo)
10
Piazza Filzi

EXPERIENCIAS

Viajar por la historia de los automóviles en el MAUTO

MUSEO

PLANO: 1 P. 114 **D5**

El **Museo dell'Automobile di Torino,** inaugurado en 1960 por iniciativa del turinés Carlo Biscaretti di Ruffia, es uno de los museos automovilísticos más antiguos del mundo, con una de las colecciones más nutridas. Sorprende incluso antes de entrar: la imagen del inmenso edificio semicircular con vistas al Po precede un enorme atrio metálico y espacial, donde empieza un viaje entre los motores en tres plantas diseñadas por el visionario François Confino (responsable también del Museo Nazionale del Cinema). Desde los primeros intentos de locomoción hasta los increíbles prototipos fruto de la tecnología contemporánea, 160 modelos se exhiben en una escenografía interactiva de luces, sonidos y vídeos.

Sumergirse en el patrimonio industrial y artístico del Lingotto

EDIFICIO

PLANO: 2 P. 114 **A4**

Desde 1916, cuando se creó para albergar la fábrica de FIAT de Giovanni Agnelli, diseñada por Matté Trucco, este complejo de hormigón color crema y vidrio, hoy un brillante ejemplo de arqueología industrial, ha marcado la vida de la ciudad. Magistralmente reformado por Renzo Piano en la década de 1980, se aprecia claramente en toda su grandeza al llegar desde Via Nizza, frente a los grandes pabellones de Lingotto Fiere, que siempre han albergado las ferias comerciales más importantes de Turín. Al entrar en el centro comercial hay que admirar la fenomenal **rampa helicoidal** que conduce a la pista de pruebas de automóviles. Después, se sube al Scrigno de Renzo Piano, una original estructura suspendida que alberga las 25 obras maestras donadas a la ciudad por Giovanni y Marella Agnelli. En la **pinacoteca,** entre la luz que se filtra por las ventanas, aguarda la *Velocidad abstracta* de Balla (1913), seguida de pinturas de Canaletto, las *Vistas de Dresde* de Bellotto, un alabardero de Tiepolo, dos bailarinas de Canova, los muy coloridos Matisse, *La bañista rubia* de Renoir, *La négresse* de Manet y lienzos de Severini, Modigliani y Picasso. Hay que ver también las exposiciones temporales y acceder a la **pista de pruebas,** elogiada

HIROSHIMA MON AMOUR

Uno de los locales que ha marcado la historia de la música en vivo en Turín durante casi 40 años de conciertos, festivales, veladas y fiestas. Se puede consultar la programación en *hiroshimamonamour.org.*

PLANO: 3 P. 114 **A6**

por Le Corbusier. En esta última se inauguró en el 2021 el **jardín colgante** más grande de Europa, diseñado por Benedetto Camerana. Este espacio ofrece una perspectiva única de la ciudad y una irresistible sensación de desorientación, y un panorama de 360° de la Pasarela y el Arco Olímpico al norte (ahora uno de los iconos de la ciudad), el verdor de la colina al sur y la basílica de Superga (p. 149) al este. La **Pista 500,** como se conoce al jardín, alberga instalaciones de artistas italianos e internacionales que dialogan con la naturaleza. El restaurante con estrella Michelin **La Pista** (p. 119) también da a esta zona y la famosa **Bolla** (sala de reuniones acristalada) destaca en un equilibrio sorprendente. El Lingotto también alberga un centro de conferencias, un auditorio, los hoteles NH Torino Lingotto Congress y DoubleTree by Hilton, las 11 salas del complejo UCI y un hipermercado.

Participar en los grandes eventos del Lingotto

FERIAS Y EVENTOS

PLANO: 7 P. 114 **A5**

Los inmensos pabellones de **Lingotto Fiere** albergan grandes eventos comerciales, culturales y deportivos. Algunos son recurrentes, como el **Salone Internazionale del Libro,** la feria sectorial más importante de Italia, en mayo; **C2C,** o Club to Club, uno de los principales festivales de música electrónica de Europa, y **Artissima,** una muestra-feria de arte contemporáneo, ambos en noviembre; o **Torino Comics,** en abril. Otros son más pequeños, para un público especí-

PASADO Y PRESENTE

El barrio y sus alrededores han sido durante mucho tiempo un terreno fértil para el desarrollo arquitectónico. Acoge dos edificios emblemáticos de la Expo Italia '61, construidos con motivo de las celebraciones del centenario de la Unificación de Italia, con dos historias que comenzaron juntas pero terminaron de forma diferente. El Palazzo delle Mostre, conocido como **Palavela** (PLANO: 4 P. 114 **C6**) por su audaz silueta, fue rediseñado por Gae Aulenti para los XX Juegos Olímpicos de Invierno; hoy alberga principalmente eventos deportivos y prácticamente no ha dejado de usarse desde su creación. El **Palazzo del Lavoro** (PLANO: 5 P. 114 **C6**), diseñado por Pier Luigi Nervi en 1959 (con la colaboración de Giò Ponti y Gino Covre), en su momento aclamado como un brillante ejemplo de espacio expositivo innovador, estuvo abandonado durante años y ahora es objeto de un proyecto de reconversión. Por otro lado, el **rascacielos de la Regione Piemonte** (PLANO: 6 P. 114 **A6**), diseñado por Fuksas, construido en 11 años, entre retrasos, polémicas e incertidumbre, es desde el 2022 la sede de la administración regional, así como el edificio más alto de Turín (205 m) y el tercero de Italia.

fico, pero todos los meses hay algo que ver, explorar o escuchar.

Reconocer el pasado olímpico

EDIFICIOS

PLANO: 8 P. 114 **A5**

Desde el Lingotto se aprecia lo que fue la **Villa Olímpica,** construida para albergar a 2500 atletas durante los Juegos Olímpicos de Invierno del 2006. Tras los Juegos, las coloridas casas, que ocupaban una superficie de 100 000 m^2, fueron habitadas durante mucho tiempo por inmigrantes y refugiados antes de ser rehabilitadas como residencias de estudiantes. Al cruzar la **pasarela** de 400 m que conecta el Lingotto con la antigua estructura del **MOI,** los antiguos mercados generales (que también pasaron a formar parte del complejo de viviendas para estudiantes), pasando bajo el **Arco** de 69 m diseñado por los arquitectos Hugh Dutton y Benedetto Camerana, que cambió el perfil de la ciudad a principios del milenio, se pasa por encima de la vía férrea, con la imponente silueta del Lingotto a la espalda y un ejemplo de típica metamorfosis urbana al frente.

Adentrarse en el verde entre las obras del PAV

PARQUE, MUSEO

PLANO: 9 P. 114 **A1**

En el extremo norte del barrio se extiende un parque para descansar que funciona a la vez como centro experimental de arte contemporáneo y sede de eventos y talleres. El **Parco Arte Vivente,** creado en el 2008 a partir de una idea del artista Pietro Gilardi en un lugar antes ocupado por edificios industriales, es un espacio singular de diálogo entre arte y naturaleza, ecología y tecnología. Se puede visitar el museo interactivo o recorrerlo al aire libre en una superficie total de 23 000 m^2, entre 20 obras de arte, tanto temporales como permanentes.

SIN LÍMITES EN EL BIT

En el llamado Villaggio delle Meraviglie de Italia '61 (p. 116), en los pabellones construidos para la Mostra delle Regioni y luego reconstruidos y ampliados, se halla el centro de formación para funcionarios de la OIT (Organización Internacional del Trabajo o BIT, Bureau International du Travail), la Escuela Superior de Personal para directivos de la ONU y el UNICRI, una organización de investigaciones sobre delincuencia y justicia. A orillas del Po, inmerso en la vegetación, este amplio campus constituye una isla internacional bien protegida, cuya ubicación es poco conocida (después de Ginebra y Viena, Turín es la tercera ciudad europea de las Naciones Unidas). El acceso suele estar limitado al personal, procedente de todo el mundo, pero se abre a todos con ocasión de eventos culturales especiales. Durante la Art Week de noviembre del 2024, albergó la exposición de arte contemporáneo Paratissima.

PLANO: 10 P. 114 **C6**

SUGERENCIAS

Lo mejor para...

Localizaciones en el plano de la **p. 114**

€ Económico €€ Medio €€€ Alto

Comer

Helado

Silvano €
11 C1
Mucha gente acude para disfrutar de su galardonado "helado de otra época", en cono o en copa en una mesa. *cerrado sa*

'Osterie'

Osteria del F.I.A.T. €€
12 B4
El homenaje a la famosa fábrica está en el interior, repleto de objetos y decorado con fotos del Lingotto, coches clásicos y una interminable colección de Fiat 500 en miniatura. Pero aquí F.I.A.T. significa Fate In Veloce A Tavola ("comed rápido en la mesa"). Comida casera y un ambiente de *trattoria* suburbana para una comida rápida a un paso de los templos del gusto. *cerrado do*

Osteria di Pierantonio €€
13 B2
Una alternativa de barrio, con buena cocina tradicional piamontesa. El menú cambia según el mercado y los precios siempre son buenos. No hay que perderse las noches temáticas (con setas o menús especiales). *losteriadipierantonio.it; cerrado do*

Cocina griega

Taverna Greca Olimpia €€
14 B4
A pesar de su aspecto impersonal y de su ubicación en una calle lateral, es una excelente opción para un descanso entre eventos en el vecino Lingotto. Todo está preparado con maestría, precios razonables y personal 100% griego. *www.ristotavernagreca.it; cerrado lu*

'Case del quartiere'

Barrito €€
15 C1
Es una de las ocho *case del quartiere* ("casas de barrio") de Turín, lugares de encuentro multifuncionales donde a menudo se puede comer, y bien. Cuenta con un agradable bar-restaurante en el interior y una amplia terraza en verano. Genuino y acogedor, es una parada informal de camino al Lingotto. Ofrece espectáculos en vivo todos los viernes con posibilidad de cenar, y los sábados entretiene a los pequeños mientras sus padres cenan. *www.barrito.to.it; almuerzo lu-sa, cena vi y sa*

Restaurantes con estrella

Casa Vicina €€€
véase 17 A3
En el Green Pea, la tradición gastronómica de los Vicina, una famosa familia de restauradores piamonteses, se expresa con platos perfectos donde la atención a la materia prima es minuciosa y la presentación, impecable. La carta, premiada con una estrella Michelin, incluye *giardiniera, insalata russa, agnolotti*

o *bagna caôda. www.casavicina.com; cerrado do y lu*

La Pista €€€

véase 2 A4

Con una terraza en la antigua pista de pruebas del Lingotto, ofrece una inmersión en el glorioso pasado industrial de la ciudad y en los platos con tres estrellas Michelin del chef Fabrizio Tesse, antiguo subchef de Cannavacciuolo. *ristorantelapista.com; cerrado do*

Beber

'Lounge bar'

Otium Rooftop

véase 17 A3

Bar de azotea abierto desde el desayuno hasta la noche (madrugada vi y sa), donde sentarse dentro o fuera y disfrutar de un excelente cóctel o elegir un buen vino. En la última planta del Green Pea. *otiumrooftop.it; cerrado lu*

Comprar

Gastronomía

Eataly

16 B3

La creación del empresario de Alba Oscar Farinetti, nacida en Turín y presente en las principales ciudades italianas e internacionales, ha tenido tanto éxito que es imprescindible entrar a comprar o degustar sus exquisiteces. En el gran mercado del sabor que ocupa las antiguas fábricas de Carpano también se encuentran el restaurante Le Cucine del Mercato (que elabora a diario un menú con productos del mercado Eataly), Pizza & Cucina, la Caffetteria Vergnano, la Pasticceria Felice y L'Agrigelateria San Pé. Un paraíso para el paladar donde también hay clases de cocina y eventos, así como terraza en verano. *www.eataly.net*

Centros comerciales

Lingotto

véase 2 A4

También aquí ha dejado su huella Renzo Piano: el centro comercial Lingotto conserva la estructura histórica sobre la que se construyó el Lingotto, ante todo la espléndida rampa helicoidal (p. 115) de la entrada. Tiendas, bares, restaurantes, un multicine, un jardín interior y acceso directo a la Pinacoteca Agnelli (p. 115) lo convierten en un centro comercial digno de atención. *www.centrocommercialelingotto.it*

Green Pea

17 A3

Inaugurado en el 2020, este parque comercial verde junto a Eataly es el primero del mundo: 15 000 m² y cinco plantas donde se venden productos y se realizan actividades respetuosas con el medio ambiente. Además de las tiendas, el restaurante Casa Vicina (p. 118) y el Green Pea Cafè, hay una planta (Otium) dedicada al relax, con *spa*, piscina, restaurante y bar, una planta para eventos y exposiciones y una lavandería ecológica. *www.greenpea.com*

Sugerencias de lugares para comer, beber y comprar en **p. 128**

Explora

Crocetta, San Paolo y Cenisia Sud

Se aprecian claros contrastes en el paisaje y el ambiente de estos diferentes barrios: la tranquilidad, las villas y los edificios de clase media-alta de Crocetta, el más tradicional; el vibrante carácter popular de Borgo San Paolo, que aún evoca su pasado obrero (Lancia, Ansaldo, Pininfarina); y la antigua zona industrial de Cenisia, con la Universidad Politécnica en su límite sureste. Pero, en conjunto, como puentes entre el pasado y el presente, entre la fábrica y el museo, entre el trabajo y el ocio, se encuentran algunos de los espacios más importantes para el arte y la cultura de la ciudad.

Cómo desplazarse

A pie
Si se dispone de tiempo, lo mejor es dar un paseo por la zona peatonal y por el Mercato della Crocetta.

Autobús
La zona está bien comunicada por las líneas nº 2, 5, 11, 14, 33, 42, 55, 56, 58, 63, 64 y 68.

Metro
Se puede bajar en las estaciones de Porta Nuova, Re Umberto y Vinzaglio, y luego moverse a pie por los distintos barrios.

Tranvía
Tampoco faltan, especialmente las líneas nº 4, 10, 15 y 16.

Las OGR (p. 126).
CLARA BONITTI/SHUTTERSTOCK.COM ©

★

LO MEJOR

ARTE MODERNO
GAM (p. 122)

ARTE CONTEMPORÁNEO
Fondazione Sandretto Re Rebaudengo (p. 126)

MEMORIA Y REFLEXIÓN
Museo del Carcere Le Nuove (p. 127)

ESPACIO MULTICULTURAL
OGR (p. 126)

★ IMPRESCINDIBLE

GAM

Por si no fueran suficientes las 47000 obras de arte, entre las expuestas y las conservadas, de una de las colecciones más antiguas e importantes de Italia, y las exposiciones temporales que atraen a miles de visitantes, hay que añadir que la Galleria Civica d'Arte Moderna e Contemporanea de Turín es un pilar en la historia museística de la ciudad con más de 160 años. Un símbolo de innovación en la forma de disfrutar el arte que promueve su difusión a través de cursos, encuentros y nuevos proyectos.

PLANO: P. 124 **G1**

CONSEJO
Al salir del museo hay que admirar el jardín de esculturas y pasear por la zona peatonal de Crocetta hasta la Universidad Politécnica de Turín, la joya de la ciudad desde 1958.

Escanea este código QR para acceder a más información sobre la visita.

Las instalaciones

A lo largo de su larga vida, el museo GAM ha experimentado diversas remodelaciones en función del contexto histórico, los aniversarios y los sucesivos directores. La última, bajo la dirección de Chiara Bertola, data del 2024. El hilo conductor de la nueva distribución es la "resonancia": en cada temporada, exposiciones temporales y proyectos se entrelazan con la colección permanente, siguiendo temas específicos. La "primera resonancia", exploró los conceptos de luz, color, ritmo y tiempo, y contó con la presencia de un primer artista "intruso", elegido para intervenir en las distintas secciones del museo y estimular nuevas reflexiones sobre el recorrido expositivo.

Primera planta: exposiciones temporales y colección permanente

La primera planta dedica un espacio a exposiciones temporales y otro, a la colección permanente, que incluye piezas desde el s. xix a la actualidad: pinturas, fotografías, vídeos, esculturas, instalaciones, grabados y dibujos. Las obras se exhiben en diversas salas por subtemas que se definen por los conceptos establecidos por la "resonancia".

ARCHIVIO FOTOGRAFICO FONDAZIONE TORINO MUSEI ©

Segunda planta: Depósito Viviente

En la planta superior, el recorrido por la colección permanente continúa con los mismos criterios expositivos. Recientemente se ha inaugurado el interesante Depósito Viviente, en el que el visitante puede sumergirse en parte del inmenso archivo del museo y ver por primera vez las obras excluidas del recorrido museístico tradicional, sin instalación oficial, en una forma que casi las despoja de la intervención humana y las hace más directamente accesibles a la mirada.

Sótano: espacio de arte contemporáneo y videoteca

El recorrido continúa en el sótano con exposiciones temporales de artistas contemporáneos, además de con una rica videoteca.

UNA PAUSA

Hay que cruzar el Corso Vittorio Emanuele e ir a **Gerla 1927** (p. 97), lo mejor de la repostería piamontesa.

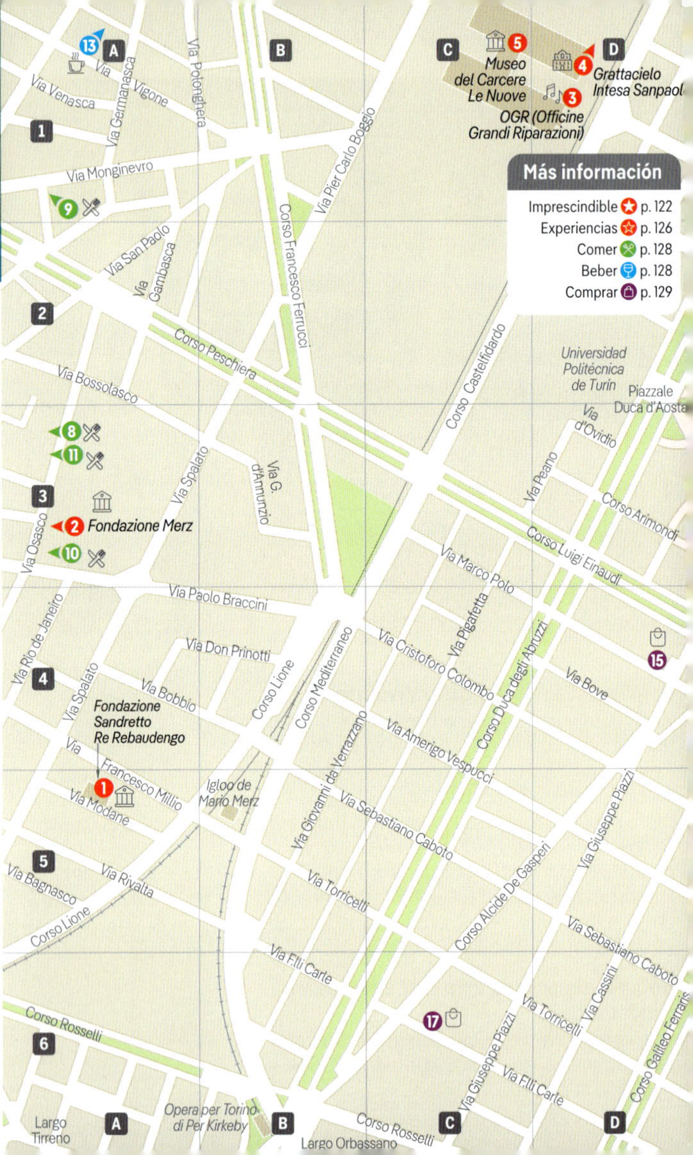
Museo
del Carcere
Le Nuove
Grattacielo
Intesa Sanpaol
OGR (Officine
Grandi Riparazioni)
Más información
Imprescindible p. 122
Experiencias p. 126
Comer p. 128
Beber p. 128
Comprar p. 129
Via Venasca
Via Vigone
Via Germanasca
Via Pologhera
Via Monginevro
Via Pier Carlo Boggio
Corso Francesco Ferrucci
Via San Paolo
Via Gambasca
Corso Peschiera
Via Bossolasco
Corso Castelfidardo
Universidad
Politécnica
de Turín
Piazzale
Duca d'Aosta
Via d'Ovidio
Via Peano
Corso Arimondi
Corso Luigi Einaudi
Via Spalato
Via G. d'Annunzio
Fondazione Merz
Via Osasco
Via Marco Polo
Via Pigafetta
Via Paolo Braccini
Via Rio de Janeiro
Via Don Prinotti
Via Cristoforo Colombo
Corso Duca degli Abruzzi
Via Bove
Corso Lione
Corso Mediterraneo
Via Bobbio
Fondazione
Sandretto
Re Rebaudengo
Via Amerigo Vespucci
Via Francesco Millio
Via Modane
Igloo de
Mario Merz
Via Giovanni da Verrazzano
Via Sebastiano Caboto
Via Giuseppe Piazzi
Via Bagnasco
Via Rivalta
Via Torricelli
Corso Alcide De Gasperi
Via F.lli Carle
Via Cassini
Corso Rosselli
Corso Galileo Ferraris
Largo
Tirreno
Opera per Torino
di Per Kirkeby
Largo Orbassano

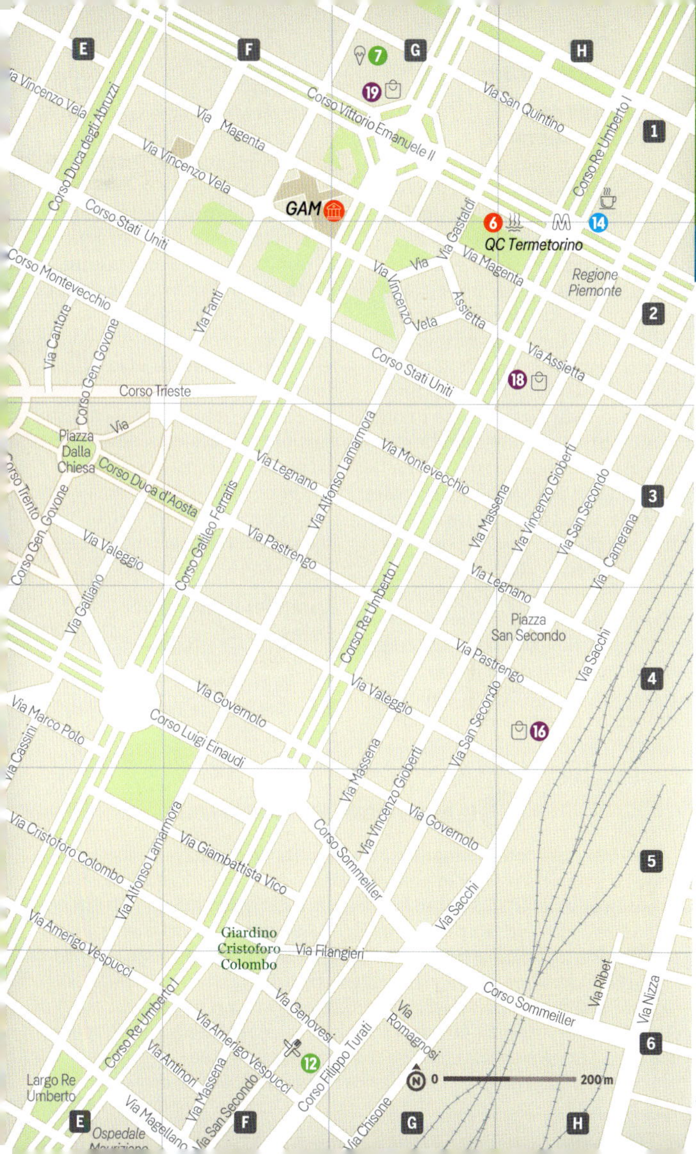
E
F
G
H
7
19
Via Vincenzo Vela
Corso Duca degli Abruzzi
Via Magenta
Corso Vittorio Emanuele II
Via San Quintino
Corso Re Umberto I
1
Via Vincenzo Vela
GAM
Corso Stati Uniti
6
14
Via Gastaldi
QC Termetorino
Via Magenta
Regione Piemonte
Corso Montevecchio
Via Vincenzo Vela
Via Assietta
2
Via Fanti
Via Cantore
Corso Gen. Govone
Corso Stati Uniti
Via Assietta
18
Corso Trieste
Via
Piazza Dalla Chiesa
Corso Duca d'Aosta
Via Legnano
Via Alfonso Lamarmora
Via Montevecchio
Corso Trento
Corso Gen. Govone
Corso Galileo Ferraris
Via Massena
Via Vincenzo Gioberti
Via San Secondo
3
Via Valeggio
Via Pastrengo
Via Legnano
Via Camerana
Via Galliano
Corso Re Umberto I
Piazza San Secondo
Via Sacchi
Via Pastrengo
4
Via Governolo
Via Valeggio
Via Marco Polo
Corso Luigi Einaudi
Via San Secondo
16
Via Cassini
Via Massena
Via Vincenzo Gioberti
Via Governolo
Via Cristoforo Colombo
Via Alfonso Lamarmora
Via Giambattista Vico
Corso Sommeiller
5
Via Sacchi
Via Amerigo Vespucci
Giardino Cristoforo Colombo
Via Filangieri
Via Genovesi
Corso Sommeiller
Via Ribet
Via Nizza
Corso Re Umberto I
Via Amerigo Vespucci
Via Romagnosi
6
Via Antinori
12
Corso Filippo Turati
Largo Re Umberto
Via Massena
0
200 m
Via Magellano
Via San Secondo
Via Chisone
Ospedale Mauriziano
E
F
G
H

EXPERIENCIAS

Sumergirse en el arte contemporáneo — MUSEOS

Otros dos espacios museísticos se unen al GAM como referentes del arte contemporáneo en la ciudad. La **Fondazione Sandretto Re Rebaudengo** (PLANO: 1 P. 124 **A5**), fundada en 1995, además de albergar exposiciones de importantes artistas italianos e internacionales en sus amplias salas, con librería y cafetería, siempre ha estado muy atenta a los artistas nuevos y emergentes, promoviendo encuentros con artistas, conferencias, actividades educativas y eventos especiales. La sede, construida en una zona industrial en desuso, se convirtió en museo en el 2002.

En el 2005, la antigua central térmica de Lancia, un fascinante edificio de la década de 1930 en el corazón de Borgo San Paolo, fue reconvertida por Beatrice Merz en un museo de arte contemporáneo de 3200 m² con el objetivo de preservar y exhibir la colección de su padre Mario, gran exponente del movimiento Arte Povera, y conectar las exposiciones dedicadas a él con proyectos temporales de artistas italianos y extranjeros. El resultado es la **Fondazione Merz** (PLANO: 2 P. 124 **A3**). No hay que perderse la rica biblioteca en la planta superior y el jardín, donde se puede contemplar el exterior de los antiguos tanques, vestigios del pasado industrial del edificio. Bajando las escaleras, se accede al sótano, un espacio expositivo que ocasionalmente alberga eventos, incluyendo representaciones teatrales del Festival delle Colline Torinesi.

Aprender y divertirse en las OGR — CULTURA, GASTRONOMÍA

PLANO: 3 P. 124 **D1**

Con motivo del 150º aniversario de la unificación de Italia se celebró el renacimiento de esta obra maestra de la arquitectura industrial, cons-

EL RASCACIELOS INTESA SANPAOLO

En el rascacielos **Intesa Sanpaolo** (PLANO: 4 P. 124 **D1**), un gigante de acero y cristal de 167,25 m de altura (por respeto a los 167,5 m de la Mole), diseñado por Renzo Piano y con vistas a la Spina 1, se puede asistir a eventos en el Spazio Trentacinque (con invernadero bioclimático) y el auditorio, y reservar una cena en el restaurante con estrella Michelin *Piano 35* o una elegante velada en el bar. Desde el interior se aprecia mejor la tecnología y las sorprendentes perspectivas de la obra: cuenta con 37 plantas sobre la superficie y seis subterráneas, y el proyecto futurista y de bajo impacto ambiental incluye un complejo sistema de calefacción con paneles fotovoltaicos, refrigeración con agua subterránea y control de la iluminación natural mediante un sistema motorizado. Desde la terraza, a 150 m, se domina la ciudad.

truida entre 1885 y 1895 y desmantelada a principios de la década de 1990. En sus 190 000 m² se construían y reparaban trenes, como atestiguan la locomotora y el vagón en el centro de la rotonda que se encuentra frente a ella. En el 2017, tras un importante proyecto de restauración, las Officine Grandi Riparazioni (OGR) volvieron a brillar y hoy son un centro de producción cultural e investigación al servicio de la creatividad, la innovación tecnológica y la sostenibilidad, en un espacio de gran valor histórico con un perímetro de 1000 m. En el interior pueden verse exposiciones, espectáculos y conciertos en los espacios **Cult,** dedicados a las artes visuales y escénicas, o pasar una tarde en la zona de restauración **Snodo** (p. 129), que incluye bar, restaurante y una mesa social, así como actividades al aire libre en verano. Este amplio espacio, con una superficie total de 35 000 m², también incluye el **Tech,** un centro de investigación científica e innovación tecnológica e industrial, compuesto por empresas emergentes e industrias creativas.

Imaginar la vida en la cárcel en el Museo Le Nuove

MUSEO

PLANO: 5 P. 124 **C1**

La **prisión de Le Nuove** –activa entre 1870 y 2003– es un importante testimonio europeo del nuevo concepto de gestión penitenciaria que se desarrolló a finales del s. XIX. Pero lo que realmente importa, al entrar hoy entre sus muros, es la inevitable empatía que se siente por los partisanos y judíos que, caídos en manos de los alemanes desde el 8 de septiembre de 1943, fueron condenados a muerte y pasaron por aquí antes de partir del andén 17 de la estación de Porta Nuova hacia los campos de concentración. Además, se recuerda la última ejecución en Italia, las revueltas y el terrorismo. La visita guiada de 2 h conduce a las estrechas celdas de la sección de mujeres, de la **primera ala** alemana y de los condenados a muerte, así como a los cubículos que dan a la capilla, animados por diversos testimonios. También se puede visitar el **refugio antiaéreo,** formado por dos largos túneles de 18 m, descubierto por casualidad por unos fontaneros en el 2010 y abierto al público dos años después, tras arduos trabajos de excavación.

RELAX EN LAS TERMAS

Sauna, bañeras sensoriales, masajes, hidromasajes, cascada, duchas, baño turco, salas de relajación... En el corazón de Turín es posible hacer una escapada de bienestar seguida, quizás, de un aperitivo en albornoz en el jardín. Solo hay que ir a **QC Termetorino,** en el espléndido entorno del Palazzo Abegg, un edificio histórico de 1875.

PLANO: 6 P. 124 **G2**

SUGERENCIAS

Lo mejor para...

Localizaciones en el plano de la **p. 124**

€ Económico €€ Medio €€€ Alto

Comer

Helados y granizados

Il Siculo €
7 G1
En un local concurrido, ofrece varios sabores de granizados sicilianos (almendra, mora, higo, violeta, naranja...) y una amplia variedad de helados, sorbetes y *mousses*. Un éxito que perdura desde hace más de 40 años. *cerrado lu y ma*

Cocina piamontesa

Osteria Le Ramin-e €€
8 A3
Cocina piamontesa creativa entre modernidad y tradición, materias primas de los valles de Pinerolo y la calidez de una antigua taberna de provincias. *cerrado sa almuerzo y do*

Osteria Antiche Sere €€
9 A1
Para entrar en calor una tarde de invierno con un plato de *agnolotti* y un buen jarrete, o disfrutar de un poco de aire fresco en la *topia* (patio interior con pérgola bajo las parras) con queso tomino al verde, salami crudo y *zabaione* con moscato en el caluroso verano. *cerrado do*

Cocina peruana

Vale un Perú €€
10 A3
La experiencia y la pasión caracterizan las propuestas de este restaurante sencillo, que transporta al otro lado del mundo. Hay que probar la especialidad nacional, el ceviche de pescado crudo fresco, y una bebida a base de pisco, antes de regresar a casa en taxi. *cerrado do*

Cocina de mar

Ristò Civassa €€
11 A3
Mientras se disfruta del *plateau royal* de mariscos casi parece oírse el sonido de las olas entre Cenisia y Borgo San Paolo. O quizás sea el ruido de la lucha a muerte con ese cangrejo fresco... *cerrado do*

Clásico de calidad

Al Gatto Nero €€€
12 F6
El ambiente atemporal, la sencillez y la perfección de los platos ponen a todos de acuerdo: no hay mucho que discutir cuando la pasta con almejas, el filete a la florentina o las patatas fritas son, simplemente, como deben ser. Un local histórico en manos de la misma familia desde 1927, con una bodega excepcional. *cerrado do*

Beber

Estilo británico

Casa Manitù
13 A1
Amplio bar de dos plantas, donde, en un ambiente británico, entre muebles, salas privadas y lámparas, se puede disfrutar de excelentes cócteles y un rico aperi-

tivo. En el bistró Smith's British se sirven platos tradicionales ingleses y de la Commonwealth para la cena, *brunch* los domingos y, dos domingos al mes, un delicioso té de la tarde. Se recomienda reservar. *aperitivo y cena mi-sa,* brunch *do*

Café histórico

Platti

14 H2

Abierto desde 1875, permite disfrutar de un capuchino y un dulce en el desayuno o un sándwich a la hora del aperitivo en su espléndida sala con estucos dorados y espejos.

Ubicación única

Snodo

véase 3 D1

A las OGR (Officine Grandi Riparazioni, p. 126) se va por amor al arte, la música, la ciencia y la arquitectura. Pero también es un lugar ideal para amantes del café y las copas en un entorno único. Para comer, lo mejor es la "mesa social".

Comprar

Mercato Crocetta

15 D4

Uno de los mercados más famosos de Turín, especialmente para calzado y ropa. El segundo domingo de mes celebra la Crocetta Più, en colaboración con comerciantes de otros lugares de la ciudad y de toda Italia, con puestos de antigüedades y artículos *vintage. 8.30-13.00 lu-vi, hasta 18.45 sa*

Chocolate, pastelería

Pfatisch

16 H4

Grandes lámparas de Murano iluminan el mostrador de mármol y las elegantes vitrinas de madera, en un suntuoso ambiente retro. Pasteles, tartas, chocolates, delicias saladas y muchas otras tentaciones: hay que dar las gracias al fundador bávaro de esta pastelería-chocolatería, inaugurada en 1915. Los niños no deben perderse Choco-Story Torino, el **Museo del Cioccolato,** inaugurado en el 2024 en el sótano de la pastelería.

Bottega Storica Odilla Bastoni

17 C6

Aquí, el arte del chocolate es una tradición familiar: de la sabiduría artesanal del taller surgen bombones, *gianduiotti, cremini* y barras, elaborados según recetas antiguas y con el mejor cacao venezolano. Todo adornado con avellanas de las Langhe y con mil y una creativas variaciones. *cerrado do*

Ropa y accesorios

Verdelilla

18 H2

El histórico Palazzo Ceriana Gavotti (1909) es un lugar de gran encanto, perfecto para comprar ropa y accesorios de diseñadores refinados y procedentes principalmente de Italia y Francia. *cerrado do y lu*

'Vintage', antigüedades

Marco Polo

19 G1

Galería de arte antiguo y moderno, elegante tienda de ropa y accesorios *vintage,* eventos y presentaciones de libros. Un espacio evocador, repleto de objetos fascinantes, presentado por la dinámica propietaria y su equipo. *www.marcopolotorino.com*

Sugerencias de lugares para comer, beber y comprar en **p. 140**

Explora

Vanchiglia, Vanchiglietta y Aurora

La vida, tanto de día como de noche, es intensa en Vanchiglia, un lugar histórico y popular, pero también epicentro de la vida social y las nuevas tendencias. En Vanchiglietta, el *borg del füm* ("pueblo del río" en dialecto piamontés), las fábricas se han convertido en espacios de creatividad alternativa. Y por las calles de Aurora, nuevos museos, galerías, espacios musicales y proyectos urbanos trazan el camino hacia el futuro. En estos barrios, que serpentean al sur y al norte del río Dora, se puede asistir en vivo a la transformación de la ciudad.

Cómo desplazarse

A pie

En Vanchiglia, entre bares y restaurantes, es fácil beber y comer mucho. Una buena opción para bajarlo todo es moverse a pie.

Autobús

Los buses circulan por las principales arterias entre el centro y Vanchiglia (Corso Regina Margherita, Corso San Maurizio y, en paralelo al río Po, Via Napione y Via Vanchiglia), mientras que Corso Belgio es el principal eje viario de Vanchiglietta.

Tranvía

Los barrios están cubiertos por las líneas n° 3, 4, 6, 10, 15 y 16.

Uno de los murales de Vanchiglia.

ALESSANDRO CRISTIANO/DREAMSTIME.COM ©

LO MEJOR

TURÍN AUTÉNTICA
Via y Piazza Borgo Dora (p. 132)

ARQUITECTURA CONTEMPORÁNEA
Museo Ettore Fico (p. 136) y Nuvola Lavazza (p. 137)

OBRAS DE ANTONELLI
Fetta di Polenta (p. 136)

SALIR EN TURÍN
Vida nocturna (p. 140)

CIRCUITO A PIE

Via y Piazza Borgo Dora

Pocas zonas de la ciudad condensan el encanto histórico y las contradicciones del presente en tan pocos metros como esta calle y esta plaza, en la frontera entre la vitalidad de Vanchiglia y la cara más auténtica de Aurora. A espaldas de Porta Palazzo (p. 82), marcan la transición del centro histórico al moderno. Hay que tomarse un tiempo para pasear por el corazón popular de la ciudad.

INICIO	FINAL	DURACIÓN
Via Borgo Dora	Lungo Dora Agrigento	600 m; 15 min

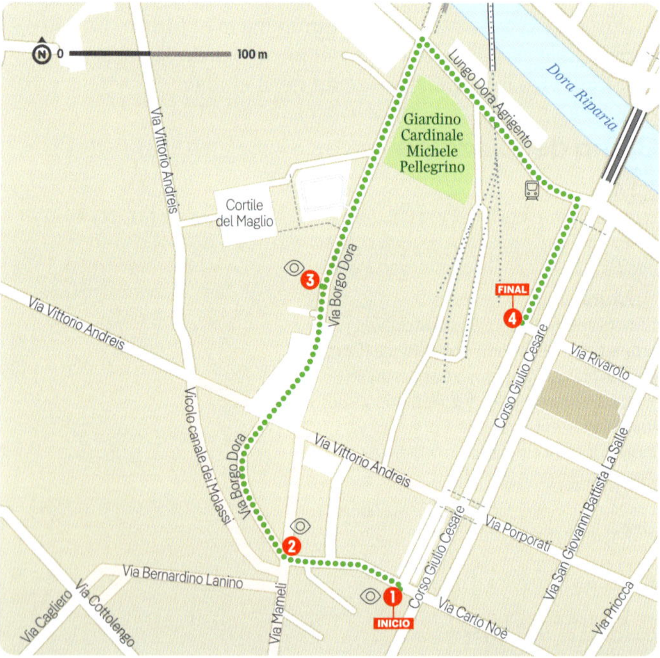

1 En el vientre de la ciudad

El paseo comienza en **Via Borgo Dora,** una calle adoquinada llena de anticuarios y tiendas de segunda mano que, todos los sábados y el segundo domingo de cada mes, se convierte en el centro de los mercados de antigüedades Balôn y Gran Balôn (p. 82). Además de las tiendas repletas de objetos y muebles y el ir y venir de la gente, destaca por la alta concentración de restaurantes y locales, incluidos algunos hitos de la gastronomía turinesa.

2 Un alto para comer

Entre Via y Piazza Borgo Dora, la cocina defiende la tradición, se impregna de los sabores del mundo y acoge la riqueza multicultural. Se respira el ambiente del antiguo Piamonte en el hotel-restaurante **San Giors;** se disfruta del agradable ambiente y la excelente comida de **Tartifla Bistrot;** y se viaja a Marruecos con un delicioso cuscús en **Al Jazira,** ya toda una institución. **Safarā** ofrece un ambiente acogedor y platos típicos piamonteses bien preparados. Las luces y los aromas de la **Trattoria Valenza,** con platos típicos a bajo precio, tienen un aire antiguo y popular. También se puede disfrutar de un cucurucho en la **Gelateria Popolare,** cerca de Via Borgo Dora.

3 Los secretos de Piazza Borgo Dora

En **Piazza Borgo Dora** esperan interesantes sorpresas, empezando por **Cortile del Maglio,** la gran plaza cubierta aún dominada por el martillo de las forjas del antiguo arsenal militar. Hay que fijarse en **Cortile dei Ciliegi** y seguir hacia el río en busca de la torre del reloj de la antigua Caserma Cavalli. El edificio, espléndidamente restaurado, alberga ahora la **Scuola Holden,** la escuela de escritura e institución turinesa fundada por Alessandro Baricco. Más adelante, antes del puente sobre el Dora, está la parte del antiguo arsenal adaptada por Ernesto Olivero para albergar el **Sermig** (Servicio Misionero Juvenil), que desde hace más de 40 años ayuda a los necesitados. Para hacer una pausa, se puede ir al **Circolo Ricreativo Mossetto,** quizás bajo la *topia* (pérgola) con los abuelos que juegan a la petanca.

4 Ponte Mosca y alrededores

Detrás de Piazza Borgo Dora se encuentra **Porta Milano,** una estación de tren en desuso, hoy sede secundaria del Museo Ferroviario Piemontese di Savigliano para la reparación de vehículos. Toda la zona es objeto de un proyecto de remodelación que incluirá, entre otras cosas, al noreste del **Ponte Mosca** (que conecta los tramos de Corso Giulio Cesare al norte y al sur del río Dora), la inauguración, en una amplia zona ahora abandonada, de un innovador "campus urbano" (el inicio de las obras está previsto en el 2026).

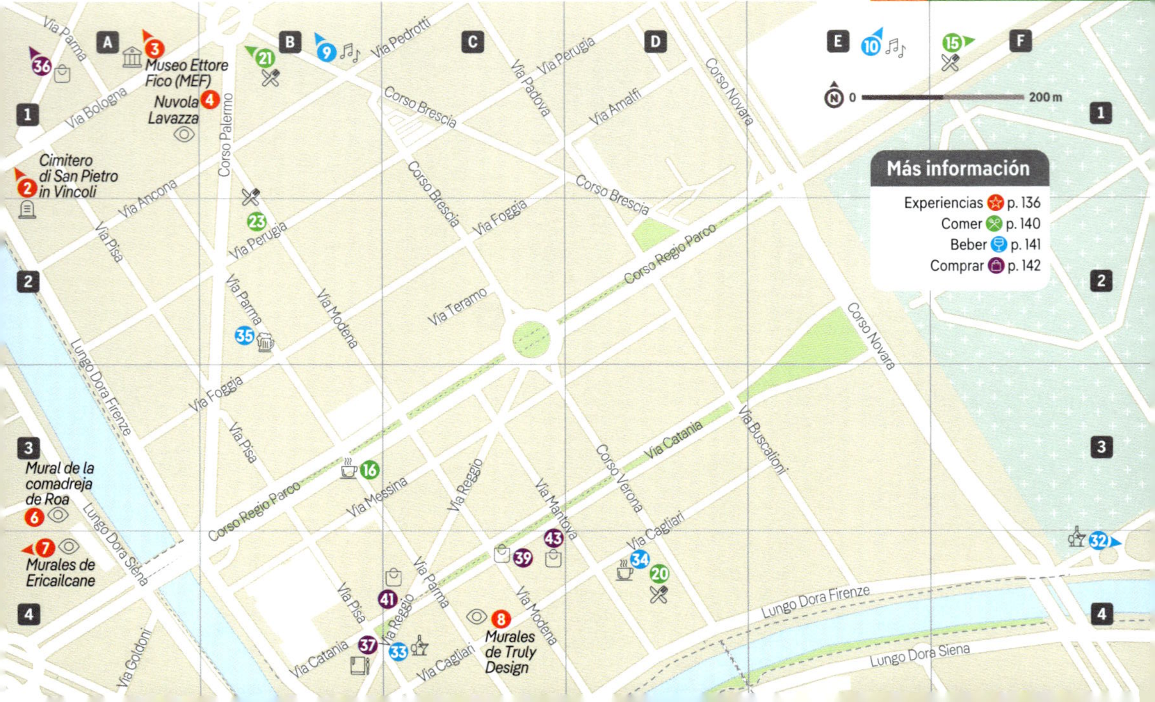
Museo Ettore Fico (MEF)
Nuvola Lavazza
Cimitero di San Pietro in Vincoli
Mural de la comadreja de Roa
Murales de Ericailcane
Murales de Truly Design
Via Parma
Via Bologna
Via Ancona
Via Pisa
Corso Palermo
Via Pedrotti
Corso Brescia
Via Perugia
Via Padova
Via Amalfi
Corso Novara
Via Foggia
Corso Regio Parco
Via Teramo
Via Modena
Lungo Dora Firenze
Lungo Dora Siena
Via Messina
Via Reggio
Via Mantova
Corso Verona
Via Catania
Via Buscalioni
Via Cagliari
Via Goldoni
0 200 m
Más información
Experiencias p. 136
Comer p. 140
Beber p. 141
Comprar p. 142

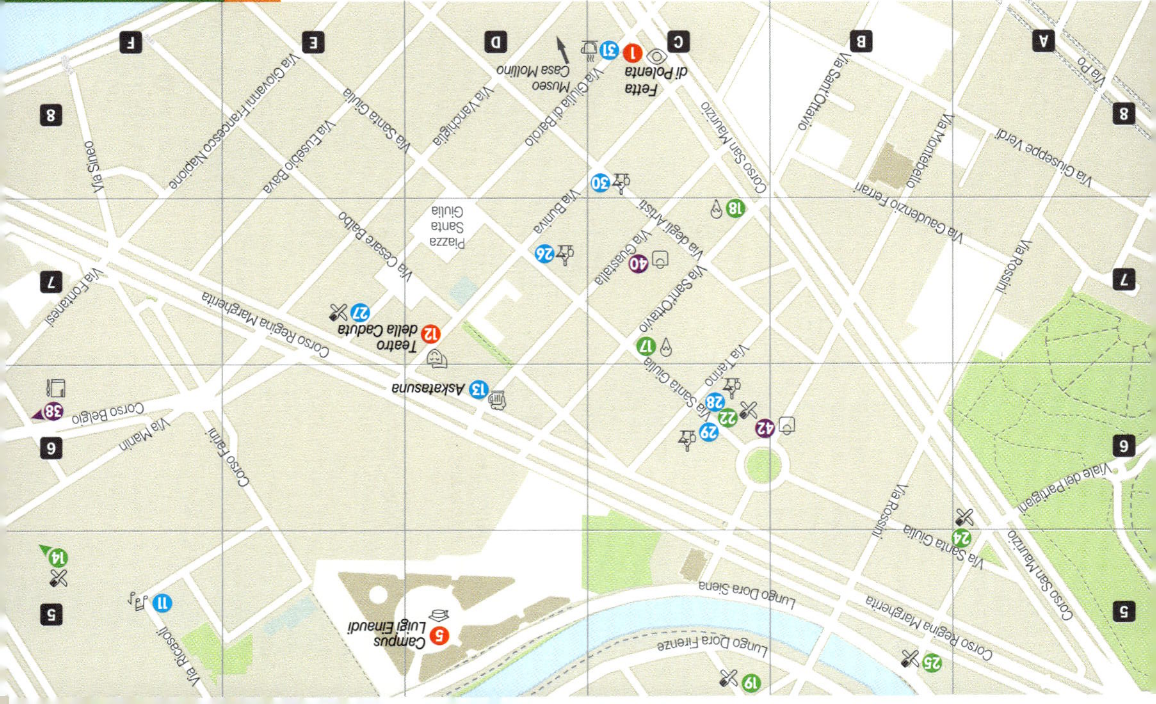
A
B
C
D
E
F
5
6
7
8
Via Po
Via Sant'Ottavio
Via Giuseppe Verdi
Via Montebello
Via Gaudenzio Ferrari
Via Rossini
Viale dei Partigiani
Corso San Maurizio
Via Santa Giulia
Corso Regina Margherita
Lungo Dora Siena
Lungo Dora Firenze
Fetta di Polenta
Museo Casa Mollino
Via Giulia di Barolo
Via Vanchiglia
Via Santa Giulia
Via Eusebio Bava
Via Giovanni Francesco Napione
Via Sineo
Via degli Artisti
Via Guastalla
Via Sant'Ottavio
Via Buniva
Piazza Santa Giulia
Via Cesare Balbo
Teatro della Caduta
Askatasuna
Via Tarino
Via Santa Giulia
Corso Regina Margherita
Via Fontanesi
Corso Belgio
Via Manin
Corso Farini
Campus Luigi Einaudi
Via Ricasoli
1
5
11
12
13
14
17
18
19
22
24
25
26
27
28
29
30
31
38
40
42

EXPERIENCIAS

Medir la Fetta di Polenta — EDIFICIO

PLANO: 1 P. 134 C8

Podría ser la casa de un personaje de cuento de hadas o el set de rodaje de una película, pero la **Casa Scaccabarozzi** fue diseñada por el arquitecto Alessandro Antonelli, el responsable de la Mole, quien vivió aquí unos años con su esposa, la noble Francesca Scaccabarozzi, y destaca entre las demás casas del barrio. Nada parece extraño si se observa desde la acera; sin embargo, al alejarse hacia la iglesia de Santa Giulia, se entiende por qué se le llama Fetta di Polenta ("porción de polenta"): además de ser amarilla, un lado de su planta trapezoidal mide solo 54 cm; es un alivio que el extremo delgado, en pie desde 1840, siga resistiendo. Hoy en día es una residencia privada y, por desgracia, no se puede visitar. En la zona se pueden ver otras dos joyas diseñadas por Antonelli: siguiendo una manzana hacia el río, por Corso San Maurizio, está la inconfundible fachada roja y amarilla de la **Casa Antonelli** (1846) y, al otro lado de la calle, la **Palazzina Verdi,** originalmente un hotel.

LAS CASAS DE LOS ARTISTAS
Además de Fred Buscaglione y la maestra de la pluma roja de la obra *Corazón,* de Edmondo De Amicis, varios artistas turineses vivieron en Vanchiglia. Carol Rama (1918-2015) y Carlo Mollino (1905-1973; p. 74) eligieron Via Napione, en los nº 15 y 2 respectivamente, mientras que la casa y el estudio de Ottavio Mazzonis están en Via Artisti, 39. Las visitas, previa reserva, ofrecen la oportunidad de sumergirse en el mundo de los artistas y descubrir detalles desconocidos.

Unirse a los vivos y a los muertos en el Cimitero di San Pietro in Vincoli — ANTIGUO CEMENTERIO

PLANO: 2 P. 134 A1

La arquitectura neoclásica del s. XVIII, el gran patio porticado con una atmósfera suspendida que esconde un osario, los subterráneos y las criptas... No hay que perderse la visita al primer cementerio construido extramuros de la ciudad, donde eran enterrados pobres (en los pozos, en fosas comunes) y nobles (bajo los pórticos). Actualmente acoge eventos culturales, en particular exposiciones, representaciones teatrales y conciertos.

Conocer la propuesta ecléctica del Museo Ettore Fico — MUSEO

PLANO: 3 P. 134 A1

Las exposiciones del Museo Ettore Fico (MEF), abiertas a la experimentación con lenguajes artísticos, son siempre interesantes y están bien diseñadas. El edificio, con sus vidrieras, sus luces sugerentes y su

UN CAMPUS EN LA CIUDAD

Hay tres razones para visitar el **Campus Universitario Luigi Einaudi** (PLANO: 5 P. 134 **D5**): su arquitectura futurista; su ubicación junto al río Dora, entre la vegetación de las riberas, los antiguos espacios industriales y las viviendas populares de Vanchiglietta, inundada de luz tanto en invierno como en verano; y el hecho de ser uno de los pocos campus universitarios de Italia (el primero de Turín) con un aire estadounidense, con amplias bibliotecas, residencias de estudiantes, comedor y gimnasio. Diseñado por Norman Foster e inaugurado en el 2012, es la sede de la Facultad de Ciencias Jurídicas, Políticas y Económico-Sociales.

agradable aspecto, añade ese toque mágico y contemporáneo que encaja a la perfección en el contexto de Spina 4, lleno de espacios remodelados; en este caso, una antigua fábrica de máquinas para esmaltar alambres de cobre.

Apreciar el café en Nuvola

EDIFICIO, MUSEO

PLANO: 4 P. 134 **B1**

La renovación y el desarrollo urbanístico, fenómenos conocidos e imparables en Turín, han afectado especialmente al barrio periférico de Aurora en los últimos años. Puede que todo empezase con la construcción de **Nuvola Lavazza,** el inmenso centro de negocios diseñado por Cino Zucchi, que alberga las oficinas, un centro de conferencias y, sobre todo, el **Museo Lavazza,** que, además de mostrar la historia de la empresa e información interesante sobre la producción de café, estimulará la curiosidad con la reconstrucción de los decorados de los anuncios más famosos de Lavazza. Desde el exterior del edificio, a través de una vidriera, se aprecia una necrópolis paleocristiana, descubierta durante la construcción del edificio. La **zona arqueológica,** donde se imparten talleres educativos, se puede visitar reservando en su web (*www.lavazza.it;* mínimo 15 participantes). El panorama se completa con el amplio espacio para eventos **La Centrale** y dos restaurantes: el galardonado **Condividere** (p. 141), diseñado por Ferran Adrià y con escenografía de Dante Ferretti; y el **Bistrot Casa Lavazza,** el restaurante de la empresa, abierto al público.

Descubrir el arte urbano entre Vanchiglia y Aurora

ARTE URBANO

En esta zona de la ciudad, los artistas del aerosol han transformado muchos rincones en museos al aire libre. Hay que buscar la enorme **comadreja de Roa** (PLANO: 6 P. 134 **A3**) en Lungo Dora Savona 30, o, por Via Fiochetto, los animales de **Ericailcane** (PLANO: 7 P. 134 **A4**) y admirar la colorida ciudad de **Truly Design** (PLANO: 8 P. 134 **C4**) en Via Cagliari 15/b. Si se desea hacer una

TOWARD 2030
Basta escanear el código QR para visualizar un mapa de todas las obras de arte urbano repartidas por la ciudad que forman parte del proyecto **TOward 2030, What Are You Doing?,** impulsado por el Ayuntamiento de Turín, Lavazza y ASviS (Alianza Italiana para el Desarrollo Sostenible) para difundir los objetivos de desarrollo sostenible de Naciones Unidas.

ruta por el arte callejero de Turín, se puede descargar la aplicación en la página web de **MAUA,** el Museo de Arte Urbano Aumentado (mauamuseum.com) y enfocar con el teléfono la obra, que se convertirá en arte digital, animado en realidad aumentada. Los 18 artistas llamados a reflexionar sobre el futuro del planeta y el desarrollo sostenible en el marco del proyecto **TOward 2030, What Are You Doing?** contribuyeron también a hacer de Turín una de las ciudades con más obras de arte urbano del mundo.

Pasar una velada alternativa

CULTURA, OCIO

Estos barrios son destinos nocturnos populares, gracias, en parte, a la presencia de antiguos espacios industriales rehabilitados para la cultura y el ocio. La programación de **Spazio 211** (PLANO: 9 P. 134 **B1**) ha presentado a lo largo de los años lo mejor de la música independiente y alternativa nacional e internacional, y también alberga otros eventos en su amplio espacio al aire libre. Nacido también como un proyecto cultural destinado a repensar el espacio de una gran zona industrial abandonada, el **Bunker** (PLANO: 10 P. 134 **E1**) es un lugar a tener en cuenta: organiza conciertos, al

LA PICCOLA CASA DELLA DIVINA PROVVIDENZA

Los enormes edificios que se suceden misteriosamente en las calles poco transitadas de este rincón del barrio de Aurora son profundamente turineses. El **Cottolengo,** llamado así en honor a su fundador, es una ciudad dentro de la ciudad, una institución benéfica para personas con discapacidad, menores, ancianos, toxicómanos, inmigrantes y necesitados en general, dirigida por monjas y voluntarios, con una historia y una imagen arraigadas en la ciudad. Fundada en 1828 para acoger a dementes, epilépticos y sordomudos, ha influido en el dialecto piamontés: *cutu* (de cutulengu) es el término despectivo para referirse a un necio.

aire libre o en antiguos almacenes (entre otros, los festivales Todays, Torino Jazz Festival y Jazz is Dead), noches de baile, mercadillos de artistas y artesanos, actividades culturales y deportivas (incluso hay un lago artificial para practicar esquí acuático sobre tabla), todo ello aderezado con murales y huertos urbanos. No hay que perderse **Off Topic** (PLANO: 11 P. 134 **F5**), una especie de 'aldea' cultural que alberga eventos de música, arte contemporáneo, reuniones, conferencias, espectáculos teatrales y espacios de *coworking*. También está el Bistrò, donde beber, comer o asistir a una lectura o una actuación. Una propuesta minoritaria, pero muy interesante, es la del pequeño **Teatro della Caduta** (PLANO: 12 P. 134 **D7**), durante años (y con altibajos) uno de los principales escenarios alternativos de Turín. Finalmente, también en Vanchiglia, la alternativa por excelencia: el histórico centro social ocupado **Askatasuna** (PLANO: 13 P. 134 **D6**), motor de protestas y actividades culturales.

ALGO MÁS QUE PETANCA

No es solo cosa de gente mayor: en Turín hay muchos sitios para jugar a la petanca, muy populares, con mucha actividad y casi siempre con restaurante y una terraza donde comer o relajarse, a veces a orillas del Po. Algunos son fácilmente accesibles en transporte público.

Società Bocciofila Madonna del Pilone (PLANO: 14 P. 134 **F5**) Ubicación óptima, ideal para un buen paseo junto al río después de comer.

Bocciofila Vanchiglietta Rami Secchi (p. 142) Actividades y eventos para todas las edades. Entrada con la tarjeta ARCI.

Circolo Ricreativo Mossetto (p. 133) Para una pausa agradable tras una visita al Balôn.

La Cricca (p. 96) Imprescindible con buen tiempo.

En otros casos, es mejor disponer de automóvil.

Bocciofila del Meisino (PLANO: 15 P. 134 **F1**) Rodeada de vegetación, frente a la Riserva del Meisino.

Bocciofila Cavorettese En la encantadora localidad de Cavoretto, en la colina.

SUGERENCIAS

Lo mejor para...

€ Económico €€ Medio €€€ Alto

Localizaciones en el plano de la **p. 134**

Comer

Helados, pasteles, granizados

Torre €
16 B3
Helados, postres sicilianos, pastelería fresca... Todo es delicioso y sumamente apetecible, pero la razón por la que Torre es insuperable son sus granizados artesanales. Hay que probar los de almendras, pistachos, moras o higos, o quizás con nata y brioche. *cerrado do*

Aria €
17 C7
En poco tiempo, los helados de Davide y Roberto y los sabores clásicos e imaginativos (huevo batido, caramelo y palomitas...) han hecho de Aria una de las paradas obligadas de la ciudad. *ariagelateria.it; cerrado lu*

Gasprin €
18 C7
Nació en 1929 en Moncalieri, cerca de Turín, como una lechería. Basta probar el helado cremoso, el yogur con fruta fresca, el *affogato* para llevar o el *bicerin* (*gianduia,* café expreso y nata montada), para apreciar la versión actual. También en Piazza Gran Madre di Dio. *www.gasprin.it; cerrado lu*

Pizzerías y freidurías

Napples €
19 C5
En plena animación de Borgo Rossini, *pizzas,* frituras y gastronomía típica napolitana, preparada con recetas tradicionales, en un ambiente agradable y acogedor. También en San Salvario. *www.napples.it*

Cocina creativa

Petronilla €
20 D4
Al otro lado del río Dora, este pequeño y agradable restaurante pone nombres elegantes y modernos a sus *supplì* y sus panecillos rellenos, excelentes opciones del menú Radici. En el menú Cibo Ristorante & Cucina Conviviale, se pueden elegir apetitosos platos. Si se consigue una mesa en el jardín, uno no querrá irse nunca. *petronilla.kitchen; cerrado do y lu-ma cena*

Cocina china

Grande Muraglia €€
21 B1
La clientela china es numerosa, lo que es garantía de calidad y autenticidad. Hace uso de productos frescos y un cuidado extremo. El consejo es no excederse. Algas fritas, raviolis estofados y en caldo, *taro* a la plancha, *lamian* con verduras, pollo con chile y jengibre: garantía de satisfacción, felicidad y tranquilidad al pedir la cuenta. *cerrado lu*

Cocina toscana

Trattoria Ala €
22 C6
Cocina toscana buena y barata (dependiendo del menú del día puede

haber pasta casera con jabalí, sopa de pescado al estilo de Viareggio, champiñones o alcachofas fritas, sepia al estilo de Livorno) en un histórico restaurante en Vanchiglia. Hay que reservar. *cerrado do*

'Trattorie' económicas

Trattoria Primavera €

23 B2

Las generaciones se suceden, pero esta pequeña, económica y muy popular *trattoria* garantiza platos sencillos y de calidad, con sabrosos *culurgiones* y otras especialidades sardas. *cerrado do*

Cocina vegana

Soul Kitchen €€

24 A5

Una estrella en el mundo de la comida vegana y cruda. Predomina un cierto aire neoyorquino y la comida es excelente: los chefs consiguen que incluso quienes suelen desdeñar los platos veganos los aprecien. *thesoulkitchen.it; cerrado lu*

Entre Piamonte y Liguria

Il Deposito €€

25 B5

Un encantador restaurante de cocina piamontesa y ligur, con vistas al río Dora, paredes azules y amplios ventanales: una peculiar fusión entre una refinada *trattoria* y un bistró neoyorquino. Hay que probar las especialidades: *sardenaira* (*focaccia* ligur), *grissinopoli* o *vitello tonnato* (receta original piamontesa) y disfrutar del ambiente informal. *www.ildepositobistrot.it; cerrado ma y lu almuerzo*

Con estrella Michelin

Condividere €€€

véase 4 B1

Excelencia, experimentación y sorpresas. Esto y mucho más aguardan en el refinado templo del gusto del chef Federico Zanasi, en Nuvola Lavazza. *www.condividere.com; cerrado do*

Beber

Estilo Vanchiglia

Cantine Meccaniche

26 D7

Un local agradable con una amplia terraza en verano. Excelentes cócteles, gran variedad de vinos y deliciosas tapas para el aperitivo (hay que probar las de anchoas o el pan frito con embutidos); las propuestas del restaurante también son interesantes.

Barricata

27 E7

En Piazza Santa Giulia, que por la mañana acoge el mercado del barrio y por la noche es el corazón de la vida nocturna, también hay opciones relajantes. La Barricata, alternativo en espíritu y precios, ofrece aperitivos, buena comida casera y veladas interminables al aire libre.

Dunque

28 C6

Un local que va directo a lo esencial: buenas bebidas y buen ambiente. Sus pocas mesas y la terraza son ideales para reunirse con amigos a tomar una copa y tal vez escuchar a un excelente DJ.

Barbiturici

29 C6

Uno se siente muy cómodo en este espacio totalmente blanco, con una terraza siempre concurrida en cualquier estación, desde el desayuno anglosajón (los fines de semana), pasando por el almuerzo con sándwiches, hamburguesas, croquetas o *bagels*, y el aperitivo de tapas, hasta las copas por la tarde y por la noche, a veces con música.

Margò

30 C8

Un aperitivo, una cerveza después de cenar, una charla en la barra o en la terraza: este pequeño y colorido local es una institución en el barrio de Vanchiglia.

QUI in Vanchiglia

31 C8

Agradable y colorido, tanto por dentro como por fuera, acogedor a cualquier hora con café, bebidas, deliciosos platos, eventos muy divertidos y música. Todo ello aderezado con la cálida bienvenida de su personal. *cerrado lu*

Mucho más que petanca

Bocciofila Vanchiglietta Rami Secchi

32 F4

Se puede comer, beber, bailar y... jugar a la petanca. Un programa completo y dinámico para relajarse y divertirse, especialmente al aire libre. Se requiere la tarjeta ARCI.

Al otro lado del Dora

Lumeria

33 C4

Las tapas y los platos cuidadosamente preparados, la buena selección de vinos y cócteles, y la dulce armonía entre el interior y el exterior lo convierten en una parada obligada en el corazón de Borgo Rossini. El enigma del nombre se resuelve rápidamente: el letrero representa una antigua tienda de embutidos y quesos *(salumeria)* que ha perdido las dos primeras letras.

BarTu

34 D4

Un bar para cualquier momento, desde el café de la mañana hasta un almuerzo rápido, desde un aperitivo o una cena con una decoración ecléctica y colorida hasta una copa por la noche en la bonita terraza con pequeñas luces, bajo los árboles de Corso Verona. *cerrado do noche*

'Il padre dei birrifici'

Birrificio Torino

35 B2

Primera fábrica de cerveza artesanal de la ciudad, inaugurada en el 2001 en un edificio de principios del s. xx. En un espacio de 700 m^2, sirve comida y cerveza artesanal, elaborada en la sala de cocción *in situ*, con dos cubas de cobre y acero inoxidable. *www.birrificiotorino.com; cerrado sa y do mediodía*

Comprar

Mercadillo

Balôn

36 A1

En esta extensa red de puestos de anticuarios y comerciantes de segunda mano, desde Porta Palazzo hasta el río Dora, es casi imposible no encontrar lo que se busca (o lo que no se estaba buscando): muebles de diseño, ropa *vintage*, grabados y hasta los últimos confines de lo usado y lo legal. Hay que dejarse llevar los sábados por la mañana y el segundo domingo de cada mes, cuando se convierte en el Gran Balôn. Véase p. 82. *www.balon.it*

Libros

Il Ponte sulla Dora

37 B4

El librero Rocco Pinto organiza muchas actividades en el corazón de Borgo Rossini: encuentros, presentaciones, exposiciones, eventos especiales en la librería y en la plaza. *www.ilpontesulladora.it; cerrado do*

Libreria Thérèse

38 F6

Además de vender, presentar y promocionar libros, esta librería independiente organiza eventos y talleres para lectores de todas las edades. *www.libreriatherese.it; cerrado do y lu mañana*

Ropa y accesorios

Ombradifoglia

39 C4

Hay que visitar el taller en Via Modena (solo previa cita) o el *outlet* en Via Catania de la diseñadora turinesa Elena Pignata y su equipo y admirar las creaciones originales y vanguardistas, profundamente contemporáneas. Mención especial merecen los vestidos de novia, lejos de la tradición, pero inspirados en ella. *cerrado do y mi*

Viavai

40 C7

Esta pequeña tienda con personal animado es perfecta para comprar ropa, zapatos, accesorios y bolsos de diseñadores independientes o pequeños artesanos, además de productos originales de algunas marcas europeas de vanguardia. *viavaitorino.com; cerrado do y lu*

Chocolate y dulces

La Perla

41 C4

El laboratorio, que se puede visitar, se encuentra junto al río Dora, mientras que la gran tienda se halla en la animada plaza principal de Borgo Rossini, con estanterías repletas de todas las delicias imaginables, lo mejor de la confitería (más de 1000 marcas) y un espacio dedicado al chocolate: bombones, tabletas y, sobre todo, la especialidad de la casa, las trufas, con sabores clásicos y originales (como el sorprendente *latte senza latte* o pistacho y frambuesa). En el rincón Coffee Experience se pueden degustar y comprar excelentes mezclas. *www.laperladitorino.it; cerrado do y lu*

Grabados

Ai Tre Torchi

42 C6

Tienda refinada, donde se pueden encontrar grabados modernos y antiguos, japoneses, del s. XIX, libros raros, dibujos y un calendario de eventos a seguir de cerca; a menudo acoge interesantes exposiciones. *www.aitretorchi.it*

Salón de té

Camellia – Il tempo del tè

43 C4

En una sala luminosa con aires de Oriente contemporáneo, amueblada con delicadeza y gusto, hay que tomarse su tiempo para degustar los tés e infusiones siguiendo los consejos de los propietarios, acompañándolos de exquisitos dulces. *www.camelliate.it; cerrado do y lu*

Sugerencias de lugares para comer, beber y comprar en **p. 153**

Explora
Oltrepò y la colina de Turín

Desde la orilla oriental del Po, la ciudad deja atrás la llanura y asciende por las colinas. Más allá de los barrios premontanos de Sassi, Gran Madre y, más al sur, Borgo Crimea, el silencio, la vegetación y las villas aumentan a medida que se asciende. La Chiesa della Gran Madre di Dio da la bienvenida; más arriba, entre los árboles, la elegante Villa della Regina y, visibles desde lejos como centinelas, la Basilica di Superga y el Monte dei Cappuccini. Son espacios para reconectar con la naturaleza, el silencio y la calma, sin renunciar a los placeres que ofrece la ciudad, pero en su forma más refinada y relajante.

Cómo desplazarse

A pie
Para disfrutar del barrio de Gran Madre, detenerse en las orillas del Po o caminar por senderos empinados, la mejor opción es moverse a pie.

Autobús
El nº 61 recorre Corso Casale, en paralelo al Po. Las líneas nº 30, 66 y 79 suben al Monte dei Cappuccini, Villa della Regina, Infini.to y Superga.

Tranvía
El nº 13, después de haber recorrido toda Via Po, termina en Piazza della Gran Madre di Dio.

Tranvía de cremallera
El modo más emocionante de llegar a la Basilica di Superga.

Puente de la Gran Madre di Dio (p. 149).
ALEKSANDARGEORGIEV/ISTOCKPHOTO.COM ©

★

LO MEJOR

RESIDENCIA REAL
Villa della Regina (p. 146)

IGLESIA EMBLEMÁTICA
Chiesa della Gran Madre di Dio (p. 149)

MIRADOR PANORÁMICO
Monte dei Cappuccini (p. 150)

OBRA MAESTRA DE JUVARRA
Basilica di Superga (p. 149)

★ IMPRESCINDIBLE

Villa della Regina

La residencia de recreo de la Casa de Saboya, con vistas a la ciudad y un pintoresco telón de fondo, se alza entre la vegetación de la colina y fue residencia real hasta el s. XIX. Tras años de abandono y restauración, hoy ha recuperado todo su antiguo esplendor. Esta residencia cortesana, con muebles y decoraciones del s. XVIII, invita a perderse en los jardines italianos, entre fuentes, escaleras, vistas panorámicas y zonas de cultivo.

PLANO: P. 148 **D4**

CONSEJO
Subiendo unos pasos más por la carretera provincial que asciende por la colina, se llega al Parco di Villa Genero, donde es posible darse un regenerador y panorámico chapuzón.

Escanea este código QR para más información sobre la visita y los horarios de apertura.

Historia

Esta residencia estival fue diseñada a principios del s. XVII por Carlo y Amedeo di Castellamonte para la corte del príncipe cardenal Mauricio y la princesa Ludovica. Se convirtió en Villa della Regina ("villa de la reina") cuando Ana María de Orleans, esposa de Víctor Amadeo II y futura reina, la recibió como regalo en 1714. Posteriormente, el rey Carlos Manuel II y su segunda esposa, Polissena d'Assia, encargaron su renovación a Filippo Juvarra. La villa se incorporó al patrimonio imperial, como residencia temporal de Napoleón, durante la ocupación francesa, con el traslado de la corte de Saboya, en 1869, de la Casa Reale al Istituto Nazionale delle Figlie dei Militari. Los bombardeos de la II Guerra Mundial dieron paso al abandono y la degradación, que no cesaron hasta 1994, con el inicio de las obras de restauración, que duraron hasta el 2016. Desde 1997, la villa forma parte del conjunto de residencias reales de los Saboya, declarado Patrimonio Mundial por la Unesco, que incluye, entre otros, los Musei Reali (p. 42), el Palazzo Madama (p. 49), el Palazzo Carignano (p. 54), el Castello del Valentino (p. 102), el Castello di Rivoli (p. 164) y la Reggia di Venaria (p. 160). Todas merecen la pena.

ARTOFPHOTOS/SHUTTERSTOCK.COM ©

La villa y los jardines

Diseñado al estilo de las villas italianas, el jardín da la bienvenida con una espléndida fuente en una plaza elíptica. A los lados se encuentran los viñedos, ahora cultivados. Detrás de la villa, el parque excavado en la colina se alza en tres niveles, creando uno de los jardines más bellos de Italia, ideal para relajantes paseos con vistas a los Alpes y atravesado por una red de cuevas y fuentes que se extienden desde el mirador hasta la avenida cortesana. Debido al abandono, la villa ha perdido gran parte de su mobiliario y decoración original, parcialmente restaurados, pero mantiene intacto su encanto: hay que entrar en el salón de baile de Juvarra y admirar las pinturas murales y los espejos, que se abren como cortinas, las habitaciones, salitas y salones con bóvedas de estuco, todos íntimos, luminosos y refinados.

UNA PAUSA

No hay bares ni restaurantes en los alrededores de la villa. Se pueden comprar provisiones en la **Pasticceria Sabauda** (p. 153) o comer en uno de los muchos restaurantes en la zona de Gran Madre.

A
B
C
D
1
2
3
4
5
6
Via Verdi
Corso San Maurizio
Lungo Po Machiavelli
Via Vanchiglia
Via Eusebio Bava
Lungo Po Cadorna
Río Po
Parco Michelotti
Basilica di Superga
Corso Casale
Piazza Vittorio Veneto
Ponte Vittorio Emanuele I
Via Ornato
Via Cardinal Maurizio
Via Seguriana
Via Ferrante Aporti
Via Maria Bricca
Via Moncalvo
Via Asti
Via Monferrato
Via Felice Romani
Via Cosmo
Via Lodovica
Via Santorre di Santarosa
Chiesa della Gran Madre di Dio
Piazza Gran Madre di Dio
Corso Moncalieri
Via Villa della Regina
Corso Quintino Sella
Via Luisa del Carretto
Via Vanvitelli
Giardino Ginsburg
Via Vitozzi
Via Lanfranchi
Via Mancini
Via Gioanetti
Via Biamonti
Via Acqui
Via Palladio
Infini.to-Planetario di Torino e Museo dell'Astronomia e dello Spazio
Via Maresciallo Gaetano Giardino
Monte dei Cappuccini
Corso Giovanni Lanza
Villa della Regina
Via Sommacampagna
Via Curtatone
Via Sforzesca
Via Bezzecca
Flashback Habitat
Viale Thovez
Via Luigi Gatti
Más información
Imprescindible p. 146
Experiencias p. 149
Comer p. 153
Beber p. 154
Comprar p. 155
0
200 m

EXPERIENCIAS

Subir con la Dentera a la Basilica di Superga BASÍLICA

PLANO: 1 P. 148 D1

Tanto desde el pie de la colina en la que se alza o desde el Castello di Rivoli, con el que se comunica a través de Corso Francia, la **Basilica di Superga** domina el horizonte montañoso. Construida en los primeros 30 años del s. XVIII por Vittorio Amadeo II en honor a la Virgen Salvadora que había protegido al ejército piamontés de los franceses en el asedio de 1706, es una de las obras maestras de Filippo Juvarra, quien, siguiendo el gusto de la época, la diseñó con pórtico, claustro (el edificio albergaba un convento) y cúpula, desde cuya cima se puede admirar la ciudad y las montañas. Después de visitar las tumbas de los Saboya, el salón de los papas y el apartamento real, hay que rodear por detrás el edificio hasta el monumento color granate, un destino de peregrinación deportiva: en 1949, el avión en el que regresaba a casa tras un partido en Lisboa el equipo del Torino F. C., por entonces uno de los más punteros de Europa, conocido como *il grande Torino,* se estrelló contra el costado de la basílica. La forma más evocadora de llegar a la basílica es el histórico **tranvía de cremallera,** conocido como Dentera. En servicio desde 1934, recorre unos 3 km por la ladera de la colina. Los billetes se pueden comprar en la estación de Sassi, de donde sale. En ambas terminales hay bares agradables. Los más atrevidos también pueden recorrer los senderos que serpentean entre los bosques de las colinas.

Admirar la ciudad desde la escalinata de la Gran Madre di Dio LUGAR DE CULTO

PLANO: 2 P. 148 B2

Construida poco después de 1830 y diseñada por Ferdinando Bonsignore para honrar el regreso a la ciudad de Víctor Manuel I (representado en la estatua frente a la

EXCURSIÓN A SUPERGA

Los amantes de los paseos pueden subir a Superga a pie, por ejemplo, por el sendero 28, de 5 km y poca dificultad, que parte de Strada Comunale di Superga 99. Los primeros 30 min se camina por la acera, para luego adentrarse en el bosque y, siguiendo las indicaciones, llegar a la basílica, bordeando en ocasiones el trazado del tranvía de cremallera. De Turín (zona de Sassi) también parten los senderos 26, 27 y 29; desde San Mauro Torinese, los senderos 60, 62, 65 y 66, y otros desde Baldissero Torinese. También se puede salir de Pino Torinese, en la cima de la colina, siguiendo el sendero paralelo a la carretera panorámica.

escalera neoclásica) tras la derrota de Napoleón (1814), la Gran Madre parece vigilar la colina. De hecho, inspira algo de temor, con sus imponentes formas de panteón y un gran pronaos, y también algo de asombro, ya que ocupa casi toda la plaza. El interior, muy sencillo, está adornado con estatuas y bajorrelieves, mientras que la cripta alberga un osario de caídos en la I Guerra Mundial.

Disfrutar de un panorama único desde el Monte dei Cappuccini

COLINA

PLANO: 3 P. 148 **A4**

Una subida empinada conduce a esta colina con vistas al Po, donde antiguamente se alzaba la Bastiada, una estructura defensiva fortificada, desde la que se puede disfrutar de una de las vistas más hermosas y dilatadas de la ciudad. Aquí se encuentran la **Chiesa di Santa Maria del Monte dei Cappuccini,** encargada junto con el convento por Carlos Manuel I en 1583, con un tambor alto que durante el festival Luci d'Artista se ilumina con los círculos azules de Rebecca Horn, y el **Museo Nazionale della Montagna Duca degli Abruzzi.** Fundado en 1874 como un pequeño observatorio, se ha convertido en un gran espacio museístico, con una sección permanente, en el que se parte de las colinas y picos que rodean la ciudad para ilustrar los mitos y leyendas de las mon-

¿'RIVE DROITE' O 'RIVE GAUCHE'?

Una ciudad de ríos y, por lo tanto, inevitablemente, de puentes. De sur a norte, en Turín se encuentran el **Balbis** (véase mapa desplegable, H14), que marca el límite sur del Parco del Valentino, construido entre 1926 y 1928 según un diseño de Giuseppe Pagano Pogatschnig; el **Ponte Isabella** (véase plano desplegable, J13), dedicado a la princesa del mismo nombre; el monumental **Ponte Umberto I** (véase plano desplegable, L8), construido entre 1903 y 1907 a la altura de Corso Vittorio Emanuele, reconocible por las estatuas en las cuatro esquinas, que representan la Piedad, el Valor, el Arte y la Industria; el escenográfico **Vittorio Emanuele I** (PLANO P. 148 **A2**), que conecta Piazza Vittorio Veneto con la Chiesa della Gran Madre di Dio, iniciado en 1810 por el Gobierno francés y, al parecer, encargado por el propio Napoleón; luego está el **Regina Margherita,** al final de la calle homónima, construido en 1972 para sustituir a uno anterior del s. XIX; y, finalmente, el puente de los **Sassi,** no muy lejos, cerca del cual parte el tranvía de cremallera que sube a Superga (p. 149). Los turineses los recorren en coche, en bicicleta o a pie, se detienen a observar el nivel del agua en días de sequía o después de fuertes lluvias, y siguen las regatas de remo organizadas por los clubes locales. Y no tienen nada que envidiar al Pont Saint-Michel ni al Pont des Invalides de París.

tañas, el papel de los relieves en la división y unión de territorios y pueblos, las posibilidades del turismo de montaña y la historia del alpinismo. Las exposiciones temporales y los eventos especiales son interesantes; para comprender verdaderamente su significado, sin embargo, hay que subir a la terraza y, por un momento, sentirse solo frente a los imponentes picos que se recortan en la distancia.

Navegar por el Infini.to

MUSEO, PLANETARIO

PLANO: 4 P. 148 **D4**

Pocas cosas resultan tan fascinantes como los misterios y maravillas del universo. En **Infini.to-Planetario di Torino e Museo dell'Astronomia e dello Spazio,** parecen estar al alcance de la mano, y a niños y adultos les encanta perderse en su inmensidad (hay muchas opciones para familias).

Caminar por la colina

PASEOS, PANORÁMICAS

Además de los parques urbanos y las inmensas fincas de los Saboya, la colina es el gran pulmón verde de Turín. Si no se quiere caminar se puede recorrer en coche o en bicicleta la carretera panorámica que discurre entre la vegetación y que va desde Superga (p. 149) hasta **Pino Torinese** (prohibido el acceso en moto), con áreas de descanso y aparcamientos desde donde parten rutas de senderismo. Se puede visitar Infini.to (p. 151) y seguir en coche o a pie por el bosque hasta

FLASHBACK

A los pies de la colina, en un lugar encantador, los cuatro pabellones del antiguo orfanato de Turín, activo hasta la década de 1980, sitos en un gran parque, albergan ahora **Flashback Habitat,** un centro de arte independiente que ofrece exposiciones y eventos, tiene un bar-bistró y rebosa creatividad durante la Flashback Art Fair, en noviembre.

PLANO: 5 P. 148 **A5**

Pecetto Torinese, encaramado entre las colinas llenas de cerezos que se tiñen de rosa en primavera. Desde el pueblo, donde hay una **iglesia parroquial** reconstruida en 1730 por Bernardo Antonio Vittone y la **Chiesa di San Sebastiano,** con frescos de los ss. XVI y XVII, se puede subir a la **Chiesetta della Madonna di Celle** o tomar la carretera de Peira del Tesòr que conduce al **Bric della Maddalena,** a 715 m, la cumbre de la colina de Turín, que ofrece una impresionante vista de la ciudad y los Alpes. Por la noche, está iluminado por la **estatua de la Victoria Alada,** que domina la ciudad desde 1928 y vela por los soldados turineses caídos en la I Guerra Mundial, a quienes se dedicaron las lápidas y los 10 000 árboles plantados en el gran **Parco della Rimembranza,** un oasis de verdor y silencio con

El Po, la colina y la Basilica di Superga (p. 149).

45 km de senderos a poca distancia del centro. Si se buscan retos más exigentes y destinos más lejanos, incluso en bicicleta, se puede recorrer la **Grande Traversata della Collina (GTC),** de 65 km, desde Cascina Le Vallere en Moncalieri hasta Chivasso, siguiendo las crestas de las colinas con vistas de los ríos; o explorar la gigantesca **zona de senderismo de las colinas del Po,** que va de Moncalieri a Casale Monferrato y abarca tres provincias (Turín, Asti y Alessandria) y 56 municipios. Protegida por el **Parco del Po e della Collina Torinese** *(www.parchipocollina.to.it),* ahora Reserva de la Biosfera de la Unesco, combina naturaleza y cultura, tradiciones ancestrales y excelencia gastronómica y enológica. También está disponible el calendario de rutas de senderismo organizadas por la autoridad del parque, que puede consultarse en el portal *torino.pro-natura.it.*

SUGERENCIAS

Lo mejor para...

€ Económico €€ Medio €€€ Alto

Localizaciones en el plano de la p. 148

Comer

Pasteles y café

Pasticceria Sabauda €

6 B2

¿Cómo unos pastelitos tan pequeños pueden tener tanto sabor? Refinados, deliciosos, perfectos, como el café y el cruasán de la mañana, y como todo en este local. *www.pasticceria sabauda.it*

'Pizza' y 'farinata'

Cit ma bon €

7 C2

Restaurante pequeño, pero bueno, siempre concurrido y animado, que destaca sobre todo por su plato estrella: la deliciosa *pizza* al *padellino*, más pequeña que la tradicional, pero más alta, tierna e igual de apetitosa. También por la *farinata:* hay que olvidar las calorías y pedir una buena ración como entrante. *cerrado do*

Cocina siria

Cucina di Damasco €

8 B2

Nacido como restaurante de comida para llevar, hoy también tiene una terraza en la peatonal Via Monferrato. Sirve excelente cocina siria, desde el clásico hummus y falafel hasta *yalanji* (hojas de parra rellenas de arroz) y *mutabbal* (crema de berenjenas al horno), *kufta* (brochetas) de cordero y pollo marinado. No sirven alcohol, pero se puede llevar una botella. *cerrado do y lu*

A orillas del río

PoDiCiotto €€

9 A4

Club deportivo con un pequeño restaurante con vistas al Po desde donde observar a los remeros entrenar entre viñas y nísperos. Ofrece una cocina con platos sencillos pero excelentes. Un lugar profundamente turinés. *www.podiciotto.it; cerrado lu almuerzo en invierno, do cena*

Terrazas imprescindibles

De Amicis €€

10 D1

Una carta que combina con naturalidad platos típicos piamonteses con la tradición romana. No falta la *pasta cacio e pepe,* las *pinse* romanas, *risotti carnaroli* con variaciones de temporada, ternera *fassona* cruda y carnes braseadas piamontesas. También tiene una selección de vinos de calidad, pero seduce, ante todo, la ubicación: interiores acogedores, terraza agradable y un jardín encantador. *deamicisartbistrot.com; cerrado lu y ma, do cena, mi-vi almuerzo*

Decoratori & Imbianchini €€

11 C3

Esta antigua cooperativa, fundada en 1883, que siempre se reinventa, es toda una institución. El mobiliario se ha conservado con maestría y el amplio patio con pérgola y frondosos árboles parece sacado de una novela. Un lugar tranquilo detrás de la Gran Madre, ideal para una cena piamontesa. *www.decoratorieimbianchini.it; cerrado mi*

Cantine Risso €€

12 D1

Una bodega repleta de vinos de toda Italia y del mundo y muchas cervezas artesanales. En la carta, pocos platos, pero interesantes (el entrante con *tomini*, anchoas y lengua, el codillo de cerdo al horno con patatas y la tarta *tatin* son imprescindibles). Un local histórico, con mesas de madera y ambiente de taberna, que ha resistido el paso del tiempo y que cuenta con una *topia* (pérgola) con mesas de piedra donde las tardes de verano parecen no terminar nunca. *www.cantinerisso.com; también almuerzos sa y do*

En la colina

Bel Deuit €€

13 D1

Rústico y acogedor, con un característico y "bonito estilo" (eso significa su nombre), ofrece excelente cocina piamontesa en un cruce característico, entre la carretera que lleva a la Basilica di Superga, un poco más arriba, y la que se adentra en las colinas. No hay que abusar de los entrantes (aunque es difícil no hacerlo) para hacer hueco a un plato de *tajarin* o *agnolotti* con carne braseada o caracoles de Cherasco. Los postres artesanales (como el sabayón caliente con pastel de avellanas) son aún más deliciosos en la terraza con vistas a la basílica. *www.ristorantebeldeuit.com; cerrado lu-mi*

Cocina japonesa

Miyabi €€€

14 B3

El amable personal recibe en un ambiente refinado (*miyabi* significa "elegancia") para comenzar un viaje gastronómico guiado por el chef Masanori Tezuka por lo mejor de la cocina japonesa, con platos difíciles de encontrar en otro lugar, además de los clásicos y excelentes *sushi* y *sashimi*, *gyoza*, buen vino y sake de alta calidad. *miyabitorino.com; cerrado do y lu*

Beber

Vino y convivialidad

Piolino – Vini Caffè

15 B2

En Via Monferrato, es un bar de vinos alegre, acogedor y apto para todos los bolsillos. Basta elegir entre las propuestas de la pizarra para acompañar un aperitivo. Informal y relajado, regentado por la misma familia durante dos generaciones, un poco alejado de las modas del barrio. *cerrado lu almuerzo y do*

A cualquier hora

Maggiora

16 A5

Pastelería histórica con decoración *liberty* en el elegante Corso Fiume, el corazón del distrito de Crimea, que hoy, en su versión moderna, es una encantadora cafetería-pastelería abierta todo el día; excelentes postres y *brioches*, sándwiches y aperitivos. *cerrado do y lu*

Gran Bar

17 A3

El local de la Gran Madre por excelencia. Los amplios ventanales ocupan toda una esquina de la plaza, mientras que desde la terraza, atestada a diario y a todas horas, se puede observar la gran iglesia, el puente sobre el Po, el ir y venir de coches y gente que dan color a este animado cruce. *www.granbartorino.com*

Coctelerías

Tatabui

18 A5

Excelentes cócteles para acompañar hamburguesas, *pizzas* y exquisiteces, una clientela que sigue las tendencias y un local agradable. Para saber lo que le gusta a la élite turinesa, hay que ir aquí, incluso en la terraza si el tráfico no molesta. *tatabui.it*

Casa Goffi

19 D1

Uno de los aspectos interesantes del lugar es la entrada desde el Parco Michelotti, a tiro de piedra del río, con césped delante; otro es el ambiente, al aire libre (en el césped frente al Po, cubierto por el techo del antiguo granero o con sábanas blancas y bombillas en la terraza) o en el interior; sin olvidar los refinados cócteles, en torno a los cuales gira todo: los platos, las *pizzas*, las tapas, el ambiente, los eventos. Merece la pena el *brunch* del fin de semana. *casa goffi.it; cerrado lu*

Comprar

Libros

L'Ibrida Bottega

20 B2

Una librería que ofrece refugio a los lectores más empedernidos (con una cabeza de toro en el logo) y con todo lo necesario: una amplia selección de títulos, las tramas de los libros favoritos de los libreros escritas a mano para facilitar la compra, volúmenes divididos en secciones con nombres evocadores ("Miradas desde más allá de los Alpes", "Aliento centroeuropeo", "Vibraciones anglófonas"...). El espacio es fascinante, los objetos a la venta (además de los libros), interesantes, y el rincón infantil, imprescindible. *www.libridabottega.it*

Moda y diseño

Kurinji

21 B2

Ropa, accesorios, objetos, todo firmado por una joven diseñadora de origen indio que emplea antiguas tradiciones artesanales y apoya a la comunidad y el territorio de donde provienen estas técnicas tradicionales. Una "moda lenta" estrictamente sostenible. Con frecuencia, se realizan instalaciones temporales para presentar creaciones de otros diseñadores. *kurinji.it*

Chocolate

Peyrano

22 A5

Fundada en 1914 como fábrica de caramelos, comenzó a producir chocolate artesanal después de la I Guerra Mundial y ahora es una de las chocolaterías más importantes de la ciudad. Los productos están disponibles en la histórica fábrica de Corso Moncalieri o en comercios selectos. *www.peyrano.com*

Pastelería

Medico

23 B3

Primero lechería, luego heladería, finalmente pastelería. ¿Qué mejor garantía de una tradición centenaria? Hay que dejarse tentar por un pastel, un cruasán o un tentempié salado, para desayunar o merendar. También se puede almorzar un plato preparado o un excelente sándwich, en el interior o en la terraza. *cerrado do tarde*

★ IMPRESCINDIBLE

Viaje a la Turín industrial

En Turín y sus alrededores han surgido, florecido y declinado numerosas actividades industriales que han modelado el carácter de la ciudad, pero que también han dejado un legado cultural y arquitectónico que no deja de sorprender.

CONSEJO
En **Collegno** (p. 158), pocos kilómetros al oeste del centro, no hay que perderse la **Certosa Reale,** un antiguo monasterio encargado por María Cristina de Francia, más tarde famoso manicomio. En julio, los pabellones del antiguo hospital psiquiátrico acogen el **Flowers Festival.**

Sur de Turín

La zona sur de Turín, que fue testigo del renacimiento del patrimonio manufacturero gracias a la innovación y la regeneración urbana, es emblemática de la identidad industrial de la ciudad. Justo al sur del ejemplo más famoso de reconversión posindustrial, el **Lingotto** (p. 115), antaño el corazón palpitante de la producción de FIAT y ahora un moderno centro cultural y comercial, la antigua zona industrial **FIAT Mirafiori,** en Corso Settembrini, ha cambiado de aspecto y ahora alberga la Cittadella del Design e della Mobilità Sostenibile del Politecnico di Torino, un centro de vanguardia para la investigación y el desarrollo tecnológico. No muy lejos, el **PAV-Parco Arte Vivente** (p. 117) es un centro de arte contemporáneo experimental dedicado a la relación entre arte, naturaleza y biotecnología, también nacido de la reconversión de una antigua zona industrial.

San Paolo y Crocetta

Estos barrios representan dos caras distintas de la Turín industrial y su transformación. El primero, históricamente un distrito obrero y productivo, albergó algunas de las fábricas más importantes de Turín en el s. xx, como **Lancia,** cuya planta principal se encontraba en Via Monginevro. Hoy el legado industrial coexiste con un tejido urbano re-

MIKEDOTTA/SHUTTERSTOCK.COM ©

novado, que incluye nuevos espacios residenciales, campus universitarios y centros culturales. Aquí se encuentran la **Fondazione Sandretto Re Rebaudengo** (p. 126), ubicada en una antigua zona industrial y referencia de las nuevas tendencias artísticas internacionales, y la **Fondazione Merz** (p. 126), situada en una antigua central térmica de la compañía municipal de tranvías, que ofrece exposiciones y proyectos experimentales en diálogo con el pasado productivo de la ciudad. A pocos pasos, la Crocetta, un barrio elegante y señorial, alberga el Politecnico di Torino, institución clave en el desarrollo tecnológico de la ciudad, y las **OGR** (p. 126), las Officine Grandi Riparazioni, antaño dedicadas al mantenimiento ferroviario y ahora un dinámico centro cultural y tecnológico.

ANTIGUA INCET
Junto al Museo Ettore Fico, en Via Cigna, una antigua fábrica de cables eléctricos es ahora el restaurante **EDIT.**

MUELLES DORA
Histórico complejo de almacenes en Barriera di Milano, que desde su construcción (1912-1914) ha albergado talleres, fábricas de licores y vermuts y tostadores de café, para luego convertirse, a principios del s. XXI, en un referente de la cultura alternativa y posindustrial de la ciudad, además de albergar discotecas y clubes muy populares. Hoy día acoge galerías de arte, estudios de artistas, músicos y arquitectos, clubes y cervecerías.

Norte de Turín

El norte de Turín, una de las zonas que mejor ilustra la metamorfosis de la ciudad, de centro industrial a laboratorio de innovación y cultura, antaño dominado por plantas siderúrgicas y mecánicas, es hoy un símbolo de la renovación urbana y la reconversión de antiguas zonas de producción en espacios públicos, culturales y tecnológicos. Uno de los lugares más representativos es el **Parco Dora** (foto p. 159), entre los barrios de Barriera di Milano y Lucento, en la periferia norte: casi 500 000 m^2 de zonas verdes públicas, terrenos deportivos, una pista de patinaje, arte urbano disperso (incluido el mural dedicado a Bobby Sands, sobre cuatro torres de refrigeración) y, sobre todo, los evocadores restos de las grandes plantas de producción de FIAT y Michelin, que se alzaban aquí hasta la década de 1990. Recientemente ha acogido importantes eventos, como el Kappa FuturFestival y el Salone Internazionale del Gusto Terra Madre. Barriera di Milano también alberga la **antigua Incet,** una fábrica de cables eléctricos transformada en centro de innovación y emprendimiento. A pocos pasos, el **Museo Ettore Fico** (p. 136) es un importante centro de arte contemporáneo, fruto de la reurbanización de una antigua zona industrial. Ambos se ubican en la zona de Spina 4, que, junto con Spina 1, 2 y 3, forman el gran proyecto Spina Centrale del arquitecto Vittorio Gregotti, quien desde la década de 1990 ha transformado el espacio y el flujo de tráfico de Turín en el eje norte-sur, anteriormente ocupado por la línea ferroviaria.

Collegno

En Collegno, localidad del extrarradio de Turín al oeste de la ciudad, aún se puede visitar el **Villaggio Leumann,** muy bien conservado. Entre 1875 y 1912, el empresario suizo Napoleone Leumann lo mandó construir en estilo *liberty* para sus empleados, en torno a su fábrica de algodón. Incluye viviendas, una estación de época (la Turín-Rivoli), una iglesia

IACI LOPES/SHUTTERSTOCK ©

de estilo ecléctico, la antigua escuela primaria, centros recreativos y una oficina de correos. La fascinante **Lavanderia a Vapore,** construida en 1875 como edificio de servicios para el Regio Manicomio de la Certosa Reale (p. 156), es hoy una residencia artística permanente dedicada a la danza, además de un espacio para espectáculos y eventos.

Moncalieri

Cerca del centro histórico de Moncalieri (p. 172), pocos kilómetros al sur de Turín, una fundición de metales activa hasta la década de 1970 se ha convertido en una 'fábrica' de arte desde el 2005. Las **Fonderie Limone** cuentan con dos salas de teatro, talleres técnicos, la escuela de actores del Teatro Stabile y una programación de prestigio: las grandes producciones del Teatro Stabile, lo mejor de la danza y la música experimental.

UNA IGLESIA DE NUESTRO TIEMPO

Al borde del Parco Dora, la **Chiesa del Santo Volto,** diseñada por Mario Botta, es la única iglesia del s. XXI de Turín.

★ MERECE LA PENA

Reggia di Venaria Reale

Tras años de abandono y descuido, a principios de la década de 1990, el Ayuntamiento propuso demoler la Reggia para construir viviendas sociales, pero las protestas lograron detener ese desafortunado proyecto. Uno de los tesoros históricos y artísticos más preciados de Italia pudo así recuperar su antiguo esplendor con una colosal restauración que abarcó también toda la zona circundante. En resumen: el barroco piamontés en su máxima expresión.

CONSEJO
Para un paseo en bicicleta, a pie o a caballo, está el **Parco La Mandria,** donde la familia Saboya iba de caza. En el **Castello della Mandria** están los apartamentos reales.

Escanea este código QR para más información sobre la visita y los horarios de apertura.

La historia

En 1659, Carlos Manuel II encomendó a Amadeo di Castellamonte la construcción de un pabellón de caza: así nacieron la Venatio Regia y el Parco La Mandria, y se remodeló toda la localidad (cuyo centro también ha sido magníficamente restaurado). Para reparar los daños causados por los franceses, a principios del s. XVIII, Víctor Amadeo II, aspirante al título real, mandó ampliar la Reggia a Michelangelo Garove. Después llegó Juvarra, quien, entre otras cosas, construyó la Cappella di Sant'Uberto, la Citroniera y los establos. Saqueado y vandalizado durante la época napoleónica, en 1932 el pabellón fue separado de los bienes de la Corona y cedido al Estado, para servir como cuartel hasta después de la II Guerra Mundial. Tuvieron que pasar unos 50 años para que experimentara su merecido renacimiento.

El complejo

Con un paseo por la hermosa **Via Mensa,** corazón del centro histórico de Venaria, se llega a **Piazza della Repubblica,** entrada a la Reggia y los jardines, cuya majestuosidad se hace evidente: de frente, más allá de la **torre del reloj,** se abre

BROOKGARDENER/SHUTTERSTOCK.COM ©

el inmenso **patio de honor,** con sus evocadoras fuentes y acceso a los **jardines,** delimitados por **Castelvecchio** al norte, por el **Sala di Diana** y las **Sale delle Arti** al oeste y por la **Galleria Grande** al sur, el ala que conectaba los aposentos del rey con los del heredero al trono. Si se comienza la ruta desde la plaza hacia el sur, girando a la izquierda, se encuentra la **torre del belvedere,** la **Cappella di Sant'Uberto** y, cruzando el **Cortile dell'Abbeveratoio** y el de las **Carrozze,** se llega a las antiguas **caballerizas de Juvarra** y **Alfieri,** antes de acceder a la zona sur de los **jardines.**

Galleria Grande

Llamada impropiamente "galería de Diana", esta inmensa y elegante sala (foto p. 162) de colores ocre y blanco, muy luminosa, decorada con estuco, pilastras y frisos, es considerada por muchos más hermosa que el salón de los Espejos de Versalles. Fruto de la intervención de Juvarra sobre el proyecto original de Garove, se abre como un suntuoso decorado teatral, de 80 m de largo, 12 de ancho y 15 de alto, con la luz filtrándose a través de

UNA PAUSA
En la Reggia, se puede hacer un alto en la Caffetteria degli Argenti, en el **Ristorante Patio dei Giardini** o en el suntuoso restaurante con estrella Michelin Dolce Stil Novo; o en uno de los numerosos locales de Via Mensa.

CONSEJO
Conviene reservar la visita con antelación, eligiendo día y hora y comprando la entrada en línea.

44 ventanas, 22 vanos ovalados y un espléndido suelo blanco y negro.

Sala di Diana

Utilizada para recepciones en el s. XVII, es una de las más importantes de la Reggia por su suntuosidad y su temática: el arte cinegético se celebra en un triunfo de estucos, decoraciones, retratos ecuestres y en las obras del artista flamenco Jan Miel (1599-1656), 10 lienzos sobre la caza y la gran bóveda rectangular con frescos.

Cappella di Sant'Uberto

Es el rincón espiritual de la Reggia, pero presenta los rasgos arquitectónicos y estilísticos característicos de todo el complejo. Dedicado al santo patrón de los cazadores, fue construida por orden de Víctor Amadeo II entre 1716 y 1729 y lleva la huella de Juvarra en la curvilínea fachada de ladrillo, en las elegantes líneas del interior y en la teatralidad del juego de luces y sombras que se proyectan desde las ventanas. La planta de cruz griega se enriquece

PIPPILONGSTOCKING/SHUTTERSTOCK.COM ©

con capillas exteriores e interiores y un altar mayor triunfal, diseñado por Giovanni Baratta, de Carrara.

Apartamentos de la planta noble

Un auténtico documento visual de la corte de Saboya entre los ss. XVII y XVIII, con grabados y maquetas que ilustran las ceremonias, las guerras y las armas, las órdenes de caballería y las obras arquitectónicas. Las salas están animadas por las figuras de la familia real, retratadas por los pintores más ilustres de la época, y por las películas de Peter Greenaway, con famosos actores contemporáneos disfrazados de duques y duquesas, cocineros y damas de honor, soldados y sirvientes.

Huerto de limones y caballerizas

La visita finaliza con la Citroniera, destinada al almacenamiento de cítricos y actualmente convertida en espacio expositivo con grandes arcos coronados por óculos, y la gigantesca caballeriza, ambas diseñadas por Juvarra. Esta última alberga espectaculares medios de transporte utilizados para los desplazamientos del soberano y su séquito: relucientes carruajes tirados por caballos conducidos por cocheros con librea y el sublime Bucintoro, construido en Venecia entre 1729 y 1731, el único ejemplar original del mundo.

Los jardines

Estos jardines se extienden en una superficie de 50 Ha. El **Grande Canale,** la **rosaleda**, el **jardín de flores,** la **Peschiera,** la **Fontana d'Ercole** y el **Tempio di Diana,** el **gran parterre** de Juvarra, los huertos y frutales del **Potager Royal...** A pie, en carruaje, en el trenecito Freccia di Diana o a bordo de una romántica góndola por la **Peschiera,** o incluso entreteniendo a los niños con los juegos de madera del pabellón **Fantacasino,** conforman una naturaleza ordenada para disfrutar al máximo. El artista piamontés Giuseppe Penone ha decorado el **parque inferior** con evocadoras obras de arte que enriquecen el pasado con toques de contemporaneidad.

EVENTOS
No hay que perderse los numerosos eventos que se celebran en la Reggia, entre los que destacan las **Sere d'estate alla Reggia** (fin jul-fin ago) y los conciertos navideños.

PARA NIÑOS
Itinerarios temáticos, actividades lúdicas, talleres... Niños, adolescentes y familias tienen mucho donde elegir.

★ MERECE LA PENA

Castello di Rivoli – Museo d'Arte Contemporanea

Caminando por el larguísimo Corso Francia, que comienza cerca de la estación de Porta Susa, se llega a Rivoli y su castillo: un espacio de diálogo entre historia y contemporaneidad, entre arte y arquitectura, donde las características del edificio están íntimamente ligadas a las necesidades expositivas del museo. La colección permanente armoniza con los estucos, las paredes y las luces de las salas, mientras las obras de restauración realzan la estructura original.

CONSEJO
Hay que visitar la casa-museo de **Antonio Carena** *(www.antoniocarena.it/casa-museo)*, el artista que pintó un trozo de cielo en el techo sobre las escaleras del museo, luego cubierto por cuestiones logísticas.

Escanea este código QR para más información práctica sobre el museo.

El castillo

Residencia de los Saboya con función defensiva desde 1247, el Castello di Rivoli fue ampliado en 1600 por los Castellamonte y posteriormente por Juvarra, quien, sin embargo, no llegó a completar su proyecto. A partir de 1800, fue cuartel militar en varias ocasiones, primero para la infantería local y luego para los alemanes durante la II Guerra Mundial. Finalmente, en 1883, fue vendido al Ayuntamiento por 100 000 liras. Bombardeado, incendiado, parcialmente reconstruido, luego dañado de nuevo y finalmente abandonado, en 1979 su resurrección fue encargada al arquitecto Andrea Bruno (el mismo del Museo del Risorgimento y del MAO), quien le dio una nueva vida gracias a un ingenioso proyecto capaz de combinar nuevas estructuras, elementos originales y secciones en estado de abandono, centrándose en una restauración con diferentes materiales, como vidrio, hormigón, aluminio y cobre. Cada segundo domingo de mes se ofrece una visita guiada gratuita; no es necesario reservar, solo se necesita la entrada al museo.

ENRICOALIBERTI ITALYPHOTO/SHUTTERSTOCK ©

El museo

Desde 1984, es decir, desde que se restauró, el Castello di Rivoli ha sido un museo de arte contemporáneo, con una vasta colección que se enriquece cada año con nuevas adquisiciones, por lo que muchas de las obras se exhiben de forma rotatoria. Las obras maestras han sido seleccionadas para ilustrar los momentos cruciales en el desarrollo del arte contemporáneo en Italia y en el mundo: desde la revolucionaria década de 1960 hasta la actualidad, del *arte povera* a la transvanguardia, del *body art* al *land art,* hasta las tendencias internacionales más recientes. Entre las joyas más preciadas, tanto expuestas como conservadas, se encuentran los árboles de Penone, el *Novecento* de Maurizio Cattelan, *El sol no tiene dinero* del artista

UNA PAUSA

Hay que probar la "merienda regia" (chocolate caliente preparado como en la corte del s. XVIII y acompañada de *bagnati* para mojar) en la **cafetería,** y también en algunos cafés históricos del centro de Turín y en el Palazzo Reale.

RIVOLI
Si se dispone de tiempo, hay que ir al centro de la localidad para visitar la **Casa del Conte Verde,** con frecuentes exposiciones, y la **Chiesa di San Rocco,** del s. XVII.

danés Olafur Eliasson, varias obras de Alighiero Boetti, los iglús de Mario Merz, *La arquitectura del espejo* de Pistoletto y obras de la transvanguardia y el *arte povera.*

Siempre hay exposiciones temporales que valen la pena, sobre todo si se celebran en la **Manica Lunga,** una galería de 177 m de largo y 7 de ancho. Con motivo del 40º aniversario del museo, se inauguraron *Ouverture 2024,* una importante reorganización de las colecciones, e *Il Castello incantato,* una planta entera dedicada a los jóvenes visitantes.

Collezione Cerruti

En el 2019, 35 años después de la inauguración del Museo d'Arte Contemporanea, se abrió al público la Collezione Cerruti, un complejo museístico que se sumó a la ya considerable colección que alber-

CLAUDIO DIVIZIA/SHUTTERSTOCK.COM ©

gaba el castillo. Se trata de la increíble colección acumulada a lo largo de su vida por el empresario Francesco Federico Cerruti (1922-2015) y conservada en una villa cercana al castillo, que adquirió en la década de 1960. Consta de casi 300 pinturas y esculturas que abarcan desde la Edad Media hasta la época contemporánea, con especial predilección por el s. xx, a las que se suman incunables y libros antiguos, encuadernaciones y fondos dorados, y más de 300 piezas de mobiliario, entre ellas dos sofás diseñados por Filippo Juvarra, una lámpara de cristal, coral y mayólica, preciosas alfombras y escritorios diseñados y elaborados por los ebanistas piamonteses más famosos, como Pietro Piffetti y Giovanni Galletti. En la casa, utilizada solo para fiestas y habitada por una sola noche, se percibe la influencia del arquitecto Giulio Ometto (el mismo del Museo Accorsi-Ometto, p. 72), mano derecha del empresario, especialmente en la elección del mobiliario neobarroco y neoclásico. La libre disposición de las obras y la singular elección de los marcos reflejan la personalidad de un gran amante del arte como Cerruti, un hombre reservado que buscaba en la paz de su museo privado la maravilla que solo se puede sentir ante la magia de la creación artística. En las pequeñas salas cuelgan obras maestras que van desde telas de Bernardo Daddi, Gentile da Fabriano, Sassetta, Pontormo y Ribera hasta las de Renoir, Modigliani, Kandinsky, Klee, Boccioni, Balla y Magritte, para llegar a Bacon, De Chirico, Picasso, Burri, Warhol y Paolini. Entre ambos extremos temporales, un vórtice de encanto y belleza. Se puede comprar la entrada conjunta en línea en la web del Museo d'Arte Contemporanea, tomar el autobús que sale del castillo y participar en la visita guiada del sábado o el domingo.

CÓMO LLEGAR

Rivoli está a unos 20 km del centro de Turín. Se puede llegar en coche o en transporte público GTT *(gtt.to.it)*. Los sábados y domingos, el autobús Rivoli Express GTT conecta Piazza Castello y la estación de Porta Susa, en Turín, con el castillo; solo los sábados, la línea n° 36n Rivoli-Alpignano sale de Torino Porta Nuova.

ALMORZAR EN EL CENTRO HISTÓRICO

A pocos pasos del castillo hay un refinado restaurante para amantes del pescado fresco: **Bistrot del Castello.**

★ MERECE LA PENA

Palazzina di Caccia di Stupinigi

Es emocionante recorrer el último tramo de la larga avenida que va de Turín a Stupinigi, una pedanía del municipio de Nichelino, en la periferia sur de la ciudad: desde lo alto de la residencia blanca, la estatua de un ciervo (copia del original, antaño recubierta de pan de oro) gira la cabeza con asombro hacia la carretera, casi sorprendido de haber sido visto en un lugar tan inaccesible.

RESIDENCIA DE LOS SABOYA
Protegido por la Unesco, el pabellón también acoge exposiciones y eventos.

Escanea este código QR para más información práctica sobre el museo.

El pabellón

Celebración de la pasión de la familia Saboya por la caza, el pabellón Stupinigi fue encargado por Víctor Amadeo II a Filippo Juvarra, quien lo completó en 1731 con una planta de cuatro brazos en forma de cruz de San Andrés, dando rienda suelta a su ferviente creatividad barroca. Posteriormente, fue ampliado y decorado en estilo rocalla por Benedetto Alfieri y otros arquitectos de la corte, convirtiéndose en una de las residencias favoritas de los Saboya, que celebraban allí fiestas y ceremonias, incluida la boda del heredero al trono, Víctor Manuel II, con María Adelaida de Habsburgo-Lorena el 12 de abril de 1842. Entre sus ilustres inquilinos figuraban Paulina Bonaparte, esposa del gobernador francés de Piamonte, y la reina Margarita, hasta 1919, cuando se convirtió en sede del **Museo dell'Arredamento,** con muebles procedentes de diversas residencias de los Saboya. Actualmente el pabellón es propiedad de la Fondazione Ordine Mauriziano, que se encarga de su conservación.

WIRE DOG/SHUTTERSTOCK ©

Caballeriza de Juvarra

El recorrido por el museo comienza en la caballeriza de Juvarra, del s. XVIII, donde la escultura original del ciervo, obra de Francesco Ladatte, recibe a los visitantes con su mirada orgullosa y curiosa. En las paredes, doce preciosos medallones de madera del s. XVIII representan la primera genealogía de la familia Saboya.

Antibiblioteca y biblioteca

En los dos espacios, separados por un revestimiento de madera con pan de oro, destacan los **retratos de los niños de la Casa de Saboya,** vestidos hasta los cinco años con vestidos largos y cofias independientemente de su sexo, para luego pasar (para los niños a partir de los 6 años) al uniforme militar de gala, con espada y condecoraciones dinásticas en el pecho.

UNA PAUSA
En las antiguas casas de servicio del pabellón se puede disfrutar de especialidades piamontesas en el **Ristorante Sabaudia.**

SONIC PARK
Rock, pop, *dance...* Con el pabellón de caza a la espalda, la música es aún más cautivadora. Este festival se celebra cada año en julio.

Sala degli Scudieri

En la "sala de los escuderos", con su trampantojo, los 13 lienzos de Cignaroli (1772-1778) describen las fases de una cacería de ciervos: el inicio, la persecución, la captura y la muerte. Destacan los esclarecedores detalles sobre los rituales, el cortejo real, los uniformes, la vestimenta del rey y las damas que contemplan el espectáculo desde los carruajes.

Salone delle Feste

El corazón del edificio, el grandioso salón de baile elíptico, exhibe esculturas reales que se alternan con trampantojos que simulan columnas, mármoles y estucos. De gran impacto escenográfico son los frescos de temática mitológica de Giuseppe y Domenico Valeriani, que celebran a Diana triunfante entre las nubes, rodeada de querubines,

ENRICOALIBERTI ITALYPHOTO/SHUTTERSTOCK.COM ©

animales y guirnaldas; los 36 apliques de madera con cabezas de ciervo diseñados por el propio Juvarra; y la gigantesca lámpara de araña del s. XVIII en bronce y cristal de roca.

Apartamentos de la reina

Las habitaciones son refinadas, con un gran fresco en la antecámara que representa el *Sacrificio de Ifigenia* (1732), obra del pintor veneciano Giovanni Battista Crosato, que traslada la luz y la atmósfera de la laguna veneciana a los pies de los Alpes. Charles-André Van Loo pintó el fresco del dormitorio, *El descanso de Diana* (1733), en el que la diosa y sus ninfas aparecen descansando, tras deponer sus armas, a orillas de un estanque. No hay que perderse la escalera secreta que se usaba para enviar cartas urgentes desde el palomar.

Apartamentos del rey

Es un triunfo de estucos, pinturas, espejos tallados, maderas y lacas, diseñado por Filippo Juvarra y Giovanni Tommaso Prunotto para alegrar el descanso de los soberanos. Hay que agudizar la vista para admirar, en el tocador, las pinturas murales de Giovan Francesco Fabriano, los frescos de los mitos de Diana de Michele Antonio Milocco, las marqueterías de los muebles del ebanista Giuseppe Maria Bonzanigo inspiradas en la temática del jardín y el gabinete de medallas con representaciones de las estaciones.

Apartamento de Levante

En la sucesión de habitaciones de los duques de Chiablese se aprecian los tapices de plata y seda que cubren las paredes, los muebles magistralmente tallados por los ebanistas de la corte Piffetti, Prunotto, Bonzanigo y Galletti, los gabinetes chinos, que hablan del gusto por los viajes y el exotismo, los grandes espejos en las paredes y el pintado con figuras florales que cubre el techo del **Salottino degli Specchi,** único en el mundo; y finalmente los muebles dedicados al juego y al ocio.

CÓMO LLEGAR
Stupinigi está a 12 km de Turín. Se puede llegar en coche o transporte público: desde el centro, hay que tomar el tranvía n° 4 hasta la última parada y luego, el n° 41 a Orbassano (parada Stupinigi). Desde las estaciones de tren, los taxis tienen tarifa reducida.

EN BICI
También se puede llegar al complejo en bicicleta, a través del carril bici que recorre gran parte de la ciudad en dirección sur.

★ MERECE LA PENA

Moncalieri

La posición estratégica entre el Po y la colina salpicada de villas señoriales, huertos y espléndidos jardines, el castillo que domina la colina y un centro histórico bien conservado hicieron de Moncalieri un destino de vacaciones apreciado por las familias aristocráticas en siglos pasados, y hoy sigue siendo uno de los lugares preferidos por los turineses para pasear el domingo, además de la ciudad más grande del extrarradio de Turín.

TEATRO Y MÚSICA
Las **Fonderie Limone** (p. 159), antiguas fundiciones en la zona de Borgo Mercato, son ahora un centro de arte dedicado al teatro y la danza contemporánea, cuya programación está a cargo del Teatro Stabile. En noviembre no hay que perderse el **Moncalieri Jazz Festival,** con varias sedes.

Castello di Moncalieri

Si se pasa por aquí al atardecer, la duda es sentarse en un banco a admirar la vista de las montañas y la llanura o contemplar los cálidos tonos de las murallas del castillo, bañadas por el sol. Las dos cosas explican por qué las grandes torres defensivas de esquina, los únicos elementos supervivientes del s. XV, se alzaban en esta estratégica colina. El castillo, declarado Patrimonio Mundial por la Unesco, conserva el aspecto que le dio en 1680 Amedeo di Castellamonte por encargo de Carlos Manuel I, pero sus orígenes se remontan al s. XII, cuando Tomás I de Saboya construyó una fortaleza en la colina para controlar el acceso a Turín desde el sur. A partir de la segunda mitad del s. XV se convirtió en residencia real hasta la década de 1920, especialmente para las mujeres de la Casa de Saboya, entre ellas María Clotilde de Saboya y su hija, María Leticia Bonaparte, fallecida aquí en 1926. En 1921 se convirtió en la sede del I Batallón de Carabineros, cuyo mando aún tiene su base en el complejo.

Un paseo por el centro histórico

Tras aparcar en la plaza del castillo, hay que tomar Via Principessa Maria Clotilde para llegar a **Piazza**

MARCO FINAL/SHUTTERSTOCK.COM ©

Vittorio Emanuele II, el corazón del pueblo, dominada por el **Palazzo Comunale** del s. XIX y con vistas a edificios del s. XVIII. Allí, **Nostalgia,** una refinada tienda de ropa que también cuenta con un espacio oculto en un patio que da a la plaza, vende ropa de la temporada anterior a precios reducidos. Siguiendo por **Via Santa Croce** o **Via Real Collegio** se llega a la barroca **Chiesa del Gesù** y luego, a las salas de los ss. XIX y XX del **Real Collegio Carlo Alberto** (fundado en 1838 para educar a los hijos de la nobleza). Después, hay que tomar **Via San Martino,** pavimentada con pórfido y repleta de tiendas: en el nº 1, está la **Pasticceria Rivetti** y luego, la **Porta Navina,** del s. XVI. No hay que perderse el **mercado de antigüedades** el primer domingo de mes.

UNA PAUSA

Para tomar un buen helado, hay que ir a **Gasprin;** para una excelente comida, a Revigliasco, un pueblo encantador en las colinas de Moncalieri, en **Cà Mentin** o **Frà Fiusch.**

Guía práctica

Piazza Castello (p. 54).

Viajar en familia

Turín es cada vez más acogedora para los niños, pero, sobre todo, ofrece atracciones aptas para toda la familia: abundan las zonas verdes y los museos divertidos, se pueden practicar deportes de todo tipo y comer mucho chocolate.

Recursos útiles

Estos sitios web son recomendables para actividades con niños en la ciudad.

www.viaggiapiccoli.com/italia/piemonte/torino Todos los secretos de Turín y el Piamonte.

www.giovanigenitori.it/tag/torino Una revista, una comunidad, una fuente de información útil.

MUSEO EGIZIO

Sigue las divertidas aventuras de la "Banda delle Bende" en la página web del museo: hay mucha información y actividades para niños y sugerencias de visitas guiadas con el egiptólogo.

Chocolate, helados y hamburguesas: esto es el paraíso

Una dieta equilibrada es lo primero, pero si se visita Turín por unos días, hay que hacer la vista gorda y hacer felices a los niños. Los productos que se venden en chocolaterías, pastelerías y heladerías son de primera calidad, así que hay mucho donde elegir. El Piamonte también es la cuna de la carne de *fassona:* una buena hamburguesa con carne de primera y mucha proteína dará a los más pequeños la energía necesaria; por ejemplo, en M**Bun (p. 58), con un divertido menú y muchos juegos.

Descuentos

Muchos museos ofrecen entradas a precio reducido (o gratuita, según la edad) para niños.

City Sightseeing

Se puede visitar la ciudad desde una perspectiva única a bordo de un autobús rojo de dos pisos. Información en *city-sightseeing.it.*

Parques y jardines

En Turín no faltan las zonas verdes. Además de los infinitos recursos que ofrece el Parco del Valentino (p. 102), los niños se divertirán en los columpios de los Giardini Reali (p. 45), en los prados y bosques de Mandria (p. 160) y en la naturaleza del Parco del Meisino.

Alojamiento

Turín ofrece opciones para todos los gustos: desde albergues económicos hasta B&B de gama media, desde residencias hasta hoteles de lujo. Lo importante es reservar con antelación para conseguir las mejores ofertas, sobre todo en temporada alta.

Si te gusta...

Museos, edificios, tiendas de lujo

Via Roma y alrededores (p. 39) Hoteles tan suntuosos como los edificios y museos del barrio, aunque no faltan opciones económicas. En el barrio más céntrico.

Cultura y ocio

Vanchiglia (p. 131) A poca distancia de los principales puntos de interés, esta zona semicéntrica ofrece lo mejor de la vida nocturna, la cultura popular y la vida social más vibrante.

Animación y ambiente nocturno a un paso del centro

San Salvario (p. 99) Un barrio siempre animado, con el ir y venir de la gente durante el día y las luces de restaurantes y discotecas por la noche. A pesar de su ritmo palpitante, ofrece rincones tranquilos y una excelente relación calidad-precio.

La esencia de Turín

Via Po y alrededores (p. 63) Zona muy céntrica, con una oferta hotelera para todos los presupuestos que refleja su espíritu: encanto, refinamiento, calidez, en una mezcla de historia y modernidad.

Negocios y comercios

Lingotto (p. 113) Meta por excelencia de viajeros de negocios y visitantes de ferias comerciales, el barrio ofrece lujo de cuatro estrellas y algunas opciones económicas interesantes.

IMPRESCINDIBLE

Nos encanta...

Porta Palazzo y el Quadrilatero (p. 79)
Aquí se puede apreciar la conexión entre el pasado y el presente, entre el Piamonte y el resto del mundo. Los contrastes son numerosos, pero placenteros. Se pasa de las calles adoquinadas llenas de bares y tiendas a las plazas con edificios señoriales, del colorido caos de Porta Palazzo a la vitalidad del Balôn.

CUÁNTO CUESTA...

Albergue **20 €**

B&B **80 €**

Hotel-*boutique* **150 €**

Comida, bebida y fiesta

Orientarse en la cocina piamontesa

Entrantes *Vitello tonnato,* ensaladilla rusa, embutidos, pimientos con *bagna caôda, capunet* (rollitos de col), *tomini* y anchoas en salsa verde... y ya sería una comida.

La carne En todo menú que se precie está siempre presente la *fassona,* que se puede disfrutar cruda *all'albese* (con aceite, sal, limón y pimienta), picada con cuchillo o cocinada, en clásicos como el *vitello tonnato,* el *bollito misto,* el *brasato* al barolo (o al carema).

Los quesos *Tome, ricotta,* quesos de cabra y con DOP (Castelmagno, Raschera, Bra, Murazzano, etc.): toca hacer un pacto con el colesterol.

Platos típicos Por una parte están los ricos platos de la noble tradición culinaria de la corte de Saboya, como el chocolate, el *bonèt,* el *zabaglione,* las frituras y el *bollito misto.* Por otra, los platos más sencillos de la tradición campesina, como la *panissa* (un plato de Vercelli a base de judías, arroz y salami *della duja*), la *bagna caôda* (el plato típico a base de aceite, anchoas y ajo en el que se mojan verduras de otoño, desde pimientos hasta cardos y tupinambos), la *finanziera alla Cavour* (a base de casquería), los *agnolotti,* en la versión de las Langhe del *plin* (es decir, cerrados a mano pellizcando la pasta) y en la versión cuadrada de la tradición de Monferrato, y los *tajarin* (tallarines).

GRANDES CHEFS

En Turín abundan los grandes chefs con estrella Michelin. En la zona de la Gran Madre se encuentra el bistró de Antonino Cannavacciuolo. **Condividere** (p. 141) brilla gracias a Federico Zanasi, de Módena. Y también están Diego Giglio en el histórico **Del Cambio** (p. 58); Davide Scabin en el **Ristorante Carignano** (p. 58); Umberto Chiodi Latini de **Vintage 1997;** Christian Mandura con su **Unforgettable;** Andrea Larossa, responsable del restaurante del mismo nombre; los chefs de **Piano 35** (p. 126); y la **Galleria de Iginio Massari** en Piazza C.L.N.

'PIOLE' Y PETANCA

Para captar el auténtico espíritu comunitario piamontés, hay que visitar una *piola* (taberna, bar) o uno de los numerosos *bocciofile,* clubes tradicionalmente frecuentados por aficionados a la petanca, pero con actividades y buena comida para todos, y rodeados de vegetación (p. 139). Los turineses los adoran.

PRECIOS

Los precios siguientes se refieren al coste medio de una comida de dos platos y postre.

€ menos de 20 €
€€ 20-40 €
€€€ más de 40 €

HORARIOS

Cafés 7.00-20.00
Restaurantes 12.30-15.00 almuerzo 19.30-22.30 cena
Bares A partir de las 18.00

Fiesta

Cervecerías No es lo primero que se viene a la cabeza, pero Turín tiene una gran tradición en cuanto a elaboración y consumo de cerveza.

Enotecas y bares de vinos Ya sea una vinoteca donde comprar una botella o un bar donde sentarse a degustarla, la gran fama de los vinos piamonteses no deja lugar a dudas: en Turín hay mucho donde elegir.

Coctelerías En casi toda la ciudad hay lugares donde beber excelentes cócteles y pasar la noche, aunque algunos barrios (San Salvario, Vanchiglia y los alrededores de Piazza Vittorio Veneto en particular) son los protagonistas indiscutibles de la vida nocturna.

Cafés Será por las hermosas plazas, las agradables terrazas, los acogedores interiores y la sólida tradición cafetera, o quizá porque es imposible resistirse al encanto de un chocolate caliente, un pastel refinado o un *bicerin*. El caso es que en Turín la tradición exige pasar tiempo en los cafés.

CUÁNTO CUESTA

café
1,30 €

bicerin
6 €

cerveza
4-5 €

copa de vino
5-7 €

cóctel
8 €

pizza
8-12 €

sándwich
4 €

bocadillo
5 €

Comunidad LGTBIQ+

Turín siempre ha estado a la vanguardia en cuanto a la superación de prejuicios, con uno de los festivales de cine gay más importantes de Italia, espacios de actividades y ocio, y el desfile anual del orgullo.

Locales y asociaciones

Nora Book & Coffee Café y librería.
Lumeria Cuidado, agradable, acogedor para la comunidad gay (p. 142).
Off Topic y **Bocciofila Vanchiglietta** Sedes de fiestas y eventos (p. 139 y p. 142).
Senzafronzoli Aperitivos, fiestas y espectáculos con *drag-queens*.
Centralino Club Fiestas gay, como BE*TWEEN.
Nasty Club Sede de la famosa fiesta gay Bananamia.
CasaArcobaleno Servicios y eventos para la comunidad.
Maurice Asociación histórica con un rico programa cultural.

IMPRESCINDIBLE

Festivales

LOVERS FILM FESTIVAL
Desde hace 40 años, este festival de cine de temática gay es un referente en el panorama turinés y nacional.

DIVINE QUEER FILM FESTIVAL
Festival independiente, atento a todas las formas de diversidad.

EVENTOS Y FIESTAS

Para saber más sobre los horarios y la ubicación, hay que buscar en Instagram o Facebook.
Portafortuna Aperitivos y fiestas en varias ubicaciones.
Qimanji Espectáculos, música excelente, fiestas temáticas.
Delirio Aperitivos, cenas, fiestas disco.
Amora Fiesta gay en el Bunker.

MIGUEL GUASCH FUXA/GETTY IMAGES ©

Recursos

- **Arcigay Torino Ottavio Mai** *arcigay.it/torino*
- **CasaArcobaleno Torino** *casarcobaleno.it*

EL EVENTO MÁS ESPERADO

Torino Pride Un gran desfile que es, ante todo, una enorme y colorida fiesta. En junio, en las calles del centro, en defensa de los derechos y la libertad.

Salud y seguridad

Turín es una ciudad segura en general, especialmente en las zonas céntricas más frecuentadas; en caso de problemas de salud o imprevistos, es fácil encontrar farmacias o asistencia.

MUJERES VIAJERAS

Turín es una ciudad segura para mujeres que viajan solas o en grupo, aunque siempre hay que tener cuidado. Para conocer a otras viajeras, NomadHer es una aplicación fantástica.

Farmacias

Si se necesita un medicamento antes de las 9.00 y entre las 12.30 y las 15.00, hay que ir a la **Farmacia Comunale** en el atrio de Porta Nuova, abierta de 7.00 a 19.30 todos los días, incluidos festivos. Por la tarde o por la noche, hay que ir a la **Farmacia Comunale** (Via XX Settembre 5), abierta las 24 h todos los días del año. También se pueden consultar las farmacias de guardia en la web *www.farmaciediturno.org*.

Hospitales

Los siguientes hospitales cuentan con servicio de urgencias. Los cuatro primeros tienen una centralita unificada (011 633 16 33) y están conectados al sitio web *www.cittadellasalute.to.it*.

Centro Traumatologico Ortopedico (Via Zuretti 29)
Ospedale Infantile Regina Margherita (Via Zuretti 23)
Ospedale Mauriziano Umberto i (011 508 11 11)
Ospedale Molinette (Corso Bramante 88)
Ospedale Ostetrico Ginecologico Sant'Anna (Corso Spezia 60)

MASCOTAS

En caso de urgencia veterinaria, las clínicas con servicio 24 h son el Centro Veterinario Torinese *(www.cvttorino.it)* y, menos céntrica, la Clinica Veterinaria Città di Torino (366 72 09 024; Corso Traiano 99/d).

A TENER EN CUENTA

Carteristas
Hay que tener cuidado con los carteristas en los alrededores de la estación de Porta Nuova y de Porta Palazzo y en el transporte público.

Bares
No se debe dejar el bolso sobre sillas vacías en las terrazas ni bajo el asiento, ni colgarlo del respaldo: es arriesgado tanto al aire libre como en el interior de restaurantes y bares.

¡Atención al toro!
Quien esté sediento, puede buscar un *torèt*. Las típicas fuentes verdes con cabeza de toro están repartidas por toda la ciudad y su agua es, muy pura.

Turismo responsable

Información y sugerencias para contribuir a la ecosostenibilidad y la protección del medio ambiente.

Desplazarse a pie

El centro de Turín está formado por encantadoras plazas y plazuelas, avenidas amplias y callejones pintorescos, hermosos palacios y pórticos hasta donde alcanza la vista, una salvación en los días de lluvia. Se puede llegar a casi todos los puntos de interés a pie, contribuyendo así a la reducción del tráfico y, de paso, quemando las calorías acumuladas con chocolates y profiteroles.

Usar el transporte público

Es cierto que la red de metro no es muy extensa, pero se compensa en parte con los autobuses y tranvías, que llegan a todos los sitios de interés en el centro y en los alrededores de la ciudad.

ARRIBA: MANU PADILLA/SHUTTERSTOCK ©; DCHA.: LOVELYDAY12/SHUTTERSTOCK ©

IMPRESCINDIBLE

Bamboo Eco Hostel

En el popular barrio de Barriera di Milano, un albergue de ambiente familiar ofrece una estancia ecosostenible.

Itinerarios en bicicleta

Consultando el mapa de rutas ciclistas de la ciudad se pueden visitar los principales lugares de interés o pasear en bicicleta por los parques y las riberas de los ríos. Algunos lugares, como la Corona di Delizie (el sistema de residencias reales a las afueras de Turín) o la localidad de Chieri y sus alrededores, así como la zona de la colina, están incluidos en itinerarios para ciclistas, que se pueden descargar en línea. La web *www.muoversiatorino.it* es una excelente fuente de información.

Recursos

• **www.gtt.to.it** Sitio web oficial del Gruppo Torinese Trasporti, con toda la información útil sobre el transporte público • **www.muoversiatorino.it** Movilidad sostenible y servicios de bicicletas, patinetes y escúteres eléctricos compartidos

ACTIVIDADES PRODUCTIVAS LOCALES

Turismo Torino e Provincia organiza recorridos para conocer las excelencias artesanales locales; véase *www.turismotorino.org/MadeInTorino.*

Proyectos ecológicos

En el barrio de Lingotto, el Green Pea es un parque comercial ecológico donde el edificio, los productos que se venden y las actividades organizadas respetan el medio ambiente. El proyecto del **Grattacielo Intesa Sanpaolo,** diseñado por Renzo Piano, se concibió con la ecosostenibilidad en mente y también cuenta con un invernadero bioclimático. La estación de tren de Porta Susa, gracias a las células fotovoltaicas que cubren sus ventanas, produce el 80% de la energía necesaria para su mantenimiento. El **Environment Park,** al sur del Parco Dora, en la periferia norte, es un parque científico y tecnológico que alberga a unas 70 empresas comprometidas con la innovación respetuosa con el medio ambiente. También se puede ir con los niños al **MAcA-Museo A come Ambiente,** dedicado a la protección del medio ambiente, cerca del Parco Dora.

TORINO 2030

En el portal web **Torino Città Vivibile** se ofrecen datos medioambientales y el plan de acción del proyecto para hacer la ciudad "sostenible y resiliente", en línea con la Agenda 2030 de la ONU. Escanea este código QR.

El cambio climático y los viajes

Es imposible ignorar el impacto de nuestros viajes y la importancia de hacer cambios. Lonely Planet anima a todos los viajeros a involucrarse en su huella de carbono. Muchas webs de líneas aéreas y sitios de reservas ofrecen la opción de compensar el efecto de los gases de efecto invernadero realizando donaciones para iniciativas respetuosas con el clima en todo el mundo.

La **calculadora de la huella carbono de la ONU** muestra el impacto de volar en las emisiones.

La **calculadora de emisiones de carbono de la OACI** permite a analizar el CO_2 generado en sus viajes.

Accesibilidad

Turín accesible

Turín es una ciudad llana, con un trazado vial muy regular, por lo que, salvo algunas calles del antiguo Quadrilatero Romano que aún conservan adoquines, la movilidad no es un problema.

Museos

Algunos museos pueden ser visitados por personas con discapacidad visual o ciegas gracias a sus audioguías o paneles visotáctiles. Entre ellos se encuentran el Museo Egizio, los Musei Reali, el Museo Nazionale del Cinema, la Reggia di Venaria y otros.

AUTOBÚS Y METRO

Muchos autobuses y tranvías y el metro son accesibles en silla de ruedas. En *www.gtt.to.it/cms* puede obtenerse información en tiempo real sobre los tramos de la línea de interés en una parada específica y la accesibilidad relativa del vehículo.

IMPRESCINDIBLE

El **Teatro Stabile di Torino,** la **Fondazione Teatro Piemonte Europa,** la **Fondazione Piemonte dal Vivo, Torino Spettacoli** y la **Orchestra Filarmonica di Torino** proporcionan herramientas para la inclusión de los espectadores con discapacidad visual. Entre ellas, dependiendo del recinto, puede haber audiodescripciones y entradas reducidas.

UNA FUENTE DE INFORMACIÓN ABUNDANTE

Turismabile *(www.turismabile.it)* es un proyecto financiado por la Regione Piemonte que propone información turística e itinerarios accesibles a personas con discapacidad motriz y sensorial, gracias a una excelente red de servicios e instalaciones accesibles en Turín y Piamonte.

Recursos

• **www.gtt.to.it/cms/accessibile** Información práctica sobre transporte y accesibilidad en Turín • **www.uictorino.it** Sitio de la Unione Italiana dei Ciechi e degli Ipovedenti (Asociación Italiana de Ciegos y Personas con Discapacidad Visual)

LIUKOV/SHUTTERSTOCK.COM ©

Índice

Puntos de interés p. 000
Págs. de los planos **p. 000**

Véase también los subíndices:
Comer p. 189
Beber p. 190
Comprar p. 191

Comer

Beber

Comprar

La opinión del lector

Nos encanta escuchar a los viajeros, ya que con sus comentarios nos ayudan a mejorar nuestros libros. Podéis escribirnos a lonelyplanet.com/contact; leemos todos los mensajes y garantizamos que estos lleguen a los autores.

Nota: Es posible que algunos fragmentos de estos mensajes aparezcan en nuevas ediciones de las guías Lonely Planet, en la web o en productos digitales. Si preferís que vuestro contenido o nombre no sean publicados, por favor, indicadlo claramente. Para obtener una copia de nuestra política de privacidad, podéis visitar lonelyplanet.com/legal.

geoPlaneta
Av. Diagonal 662-664, 08034 Barcelona
www.geoplaneta.com – www.lonelyplanet.es

Lonely Planet Global Limited
Lonely Planet Global Limited, Digital Depot,
The Digital Hub, Dublín D08 TCV4, Irlanda
www.lonelyplanet.com
Contacta con Lonely Planet en: lonelyplanet.com/contact

Turín de cerca
2ª edición en español – enero del 2026
Traducción de *Torino Pocket*, 5ª edición – mayo del 2025
© Lonely Planet Global Limited
1ª edición en español - noviembre del 2022

Editorial Planeta, S.A.
Av. Diagonal 662-664, 7º. 08034 Barcelona (España)
Con la autorización para la edición en español de Lonely Planet Global Limited, Digital Depot,
The Digital Hub, Dublín, D08 TCV4, Irlanda

ISBN: 978-84-08-30708-2
Depósito legal: B. 10.159-2025
Impresión y encuadernación: Unigraf
Printed in Spain – Impreso en España